CB129553

O PEREGRINO DA ESPERANÇA

ANTÔNIO BALSALOBRE LEIVA

O PEREGRINO DA ESPERANÇA

Ler Editora

Brasília, 2012

LER Editora Ltda.
SIG Quadra 04 Lote 283 - 1° Andar
Brasília - DF
Tel.: (61) 3362-0008 - Fax: (61) 3233-3771
lereditora@lereditora.com.br
www.lereditora.com.br

Editor
Antonio Carlos Navarro

Revisão
Professora Sabrina R. Garcia Balsalobre

Diagramação
Samuel Tabosa de Castro

Impressão e acabamento
LER Editora Ltda.

Dados Internacionais de Catalogação na Publicação (CIP)

Leiva, Antônio Balsalobre
O Peregrino da Esperança / Antonio Balsalobre Leiva — Brasília: LER Editora, 2012.

184 p.

ISBN: 978-85-64898-26-4

1. Autoajuda — otimismo — esperança. 2. Qualidade de vida. 3. Cristianismo — amor. I. Título.

CDD 158.1

Dedicado ao querido neto João Antônio, que mostrou sua face ao mundo na mesma época em que surgia este livro. Que tanto um quanto outro sejam mensageiros de esperança, compreensão e amor.

Agradecimentos

Agradeço à minha esposa, Vilma e aos nossos filhos Cristiano, Clayton e Mauricio, pelo apoio e entusiasmo com que receberam as mensagens deste livro. Vocês representam meu porto seguro em todos os momentos.

Aos queridos irmãos Mauro, Ruth, Raquel e Rubens pelo incentivo; à sobrinha Sabrina, por sua carinhosa dedicação na revisão dos originais; e à amiga psicóloga Ana Teresa Alves, que se mostrou emocionada com a leitura.

Aos amigos teólogos José Moura e Antônio Edmilson Aires, que analisaram os textos sob a luz da misericórdia divina, aprovando-os.

Agradeço especialmente a Deus pelo dom da sensibilidade que me levou a acreditar, viver e pregar seu amor sem fim.

Sumário

CAPÍTULO II

O CAMINHO MAIS CURTO PARA A FELICIDADE

CAPÍTULO III

PERDÃO, AMOR E COMPAIXÃO — OS CAMINHOS DA PAZ

APRESENTAÇÃO

O Leiva pede-me para fazer a apresentação deste livro. Estou em momento de vida de intenso trabalho, mas Deus comigo. Para apresentar o livro, devo lê-lo. O espaço de tempo está reduzido, mas o Leiva, considero-o muito, Deus há de me ajudar.

Chegou-me o material para a leitura. Abro-o e nele mergulho.

O sentimento é da constante presença do Deus-Amor em nossas vidas, mesmo diante de nossas fraquezas. Afinal, há sempre o Natal!

A leitura faz-se deliciosa em passagens, marcos para o nosso viver: "Eu vim para servir", "O reencontro com a paz", "Pai, quanto vale o seu tempo?", "Do tamanho de um grão de mostarda", e por aí enveredei.

De todas, e mesmo à medida que as lia, o texto "Sempre existe esperança" não me abandonou.

Somos, às vezes, assolados por injustiças, tal qual o gatinho preto desta linda história que o Leiva nos conta. Entretanto, ainda que tristes e extenuados sob o peso dessas incompreensões, jamais percamos a esperança. Porque sempre encontraremos alento na paz e no sorriso que o abraço infinito do Senhor nos concede.

Cláudio Fonteles
Ex-Procurador-Geral da República

INTRODUÇÃO

Tudo o que fazemos sem amor é tempo perdido. Tudo o que fazemos com amor é eternidade reencontrada.

Jean-Ives Leloup

Albert Einstein afirmou: "A única coisa de que tenho certeza é da singularidade do indivíduo". Entretanto, somos seres essencialmente espirituais e, nessa condição, trazemos em nós o DNA do Criador, eis que somos seus filhos. Não há, portanto, dicotomia, não há separação: Deus está em nós e nós estamos em Deus. Obviamente, numa proporção infinitamente menor. Qualquer de nós pode contar as sementes de uma fruta, mas somente Deus pode contar as frutas de uma semente. Porém, essa pequena partícula do Pai Eterno que está em nós, qual um raio de sol emanado do Sol-Maior, e que a Ele nos une, é suficiente para comprovar a magnitude, transcendência e eternidade do ser humano.

Quando crianças, em nossa identidade primária, éramos inocentes, confiantes, generosos, criativos, bons e protetores da vida, semelhantes aos anjos. Vivemos um bom tempo nessa situação paradisíaca. Mas depois começamos a observar, na fisionomia dos que nos cercavam, o estado emocional dos adultos que, em determinados momentos, revelavam apreensões e preocupações, principalmente as inerentes ao "ego". Assim, fomos entrando, gradativamente, em nossa personalidade secundária, na qual, tantas vezes, prevalece a busca do TER, em detrimento do SER, e aí têm início as tribulações. Por isso, sentimo-nos, não raras vezes, emaranhados na teia emocional — quase sempre mais imaginária do que real — resultante dos embates entre o bem e o mal. Entretanto, quando nos conscientizamos da realeza dos filhos de Deus, que nos é própria, podemos enveredar livremente pela jornada de amor com o Peregrino da Esperança.

Nossa essência espiritual permanece pura. Sempre foi e sempre será boa. Foi criada pelo Pai de bondade e misericórdia, que não quer perder uma só de suas criaturas. Por isso, nosso espírito clama pela pureza que lhe é inerente, vocação natural de sintonia com o Eterno. Daí porque o Mestre alertou para a imprescindibilidade de nos tornarmos como crianças para entrarmos no Reino. Assim, todas as vezes que estamos com o coração repleto de amor, ou que simplesmente tangenciamos situações que despertam esse sentimento, os enganos provindos do ego se desfazem e passamos a experimentar, desde logo, a paz que reina na Casa do Pai.

Quem já ouviu a música *What a wonderfull world,* cantada por Louis Armstrong, certamente pôde experimentar essa realidade. A voz rouca e pouco agradável num primeiro momento, à medida que desperta sentimentos de enlevo, ternura e unidade, vai alcançando um tom quase angelical, levando-nos a mergulhar num mar de tranquilidade. No filme *"Titanic"*, de James Cameron, acontece o mesmo fenômeno. No início da projeção, surge uma senhora loira, de muita idade, toda enrugada, aparência desagradável à primeira vista. No desenrolar da história, ela se transforma na belíssima Rose, cuja aventura passamos a acompanhar pelas três horas de projeção. No final, aparece a mesma senhora enrugada e, surpreendentemente, então a vemos bonita. Passamos a enxergá-la com os olhos do coração.

Mencionamos apenas dois exemplos. Mas essas situações de enlevo e paz ocorrem frequentemente quando vivenciamos o amor, sendo esse Dom Supremo que vai reconstruir o Jardim do Éden em nosso Planeta.

Brasília, outono de 2012.

Antônio Balsalobre Leiva

Foto: Cristiano Rovigatti Leiva. Crianças da região do Delta do Parnaíba (PI) admirando, pela primeira vez, suas próprias imagens numa câmera fotográfica.

CAPÍTULO I

MENSAGEIROS DA ESPERANÇA

Sempre existe esperança

Era uma tarde muito fria. A neve cobria as montanhas da região de fronteira entre o Canadá e os Estados Unidos, mas o sol da tarde, assim mesmo, insistia em brilhar. Nesse ambiente, trafegava vagarosamente um caminhão carregado de mudança. Os donos da carga apertavam-se na cabina, ao lado do motorista.

Na carroceria, acomodado sobre objetos domésticos, viajava um gatinho preto, animal de estimação da família, que não podia viajar junto com as crianças porque uma delas sofria de asma. Ele estava bem na parte traseira, como que apreciando aquela paisagem branca e iluminada. O barulho contínuo e monótono do motor, entretanto, levou-o a um estado de sonolência e ele se soltou inteiramente sobre o travesseiro em que repousava.

Foi assim que, numa curva brusca, o gatinho caiu na estrada. Despertou prontamente e tentou correr atrás do caminhão, mas não havia como subir de volta à carroceria. Viu, então, com grande tristeza, o veículo desaparecer no horizonte. Começou a andar a esmo, na vã esperança de encontrar seus donos.

A noite já ia chegando, e o frio aumentava muito, quando ao longe enxergou uma luz que acabara de ser acesa. Dirigiu-se em direção a ela, porque seu instinto indicava que ali encontraria abrigo. Aproximando-se mais, vislumbrou uma casa. Foi chegando lentamente e dirigiu-se à porta, a qual começou a arranhar com as patinhas, como fazia em sua casa. Minutos depois a porta se abriu e o que surgiu foi a enorme bota do morador, que o jogou longe com um forte chute.

Voltou o gatinho preto a perambular nas redondezas e passou tanto frio durante a noite, que amanheceu já enfraquecido. Mas o dia amanheceu, o sol despontou e com ele a vida que voltava. Aqueceu-se, reanimou-se e passou o dia caminhando, sem se afastar muito do local. Entretanto, de novo a noite chegou e o frio era cortante. Novamente a luz se acendeu na pequena choupana. O animal, mais uma vez guiado pelo instinto de sobrevivência, caminhou rumo à mesma porta. Outra vez começou a arranhá-la. Mas, de novo, viu a porta abrir-se e, em meio ao facho de luz brilhante, a enorme bota, que o atingiu em cheio, jogando-o longe.

Passou o dia seguinte já bastante fraco, porque além do frio, a fome também era atroz. Não estava acostumado a caçar. Mas, ainda que estivesse, nenhum alimento estaria disponível naquela região. Quando de novo chegou a noite, seu primeiro impulso foi dirigir-se à mesma porta, mas titubeou, com medo de novamente ser repudiado e ferido. As horas corriam, e a noite já ia avançada, quando numa atitude quase desesperada, resolveu novamente arranhar a porta. Não teve melhor sorte. O chute agora doeu muito mais, dada a fraqueza e os ferimentos que já se haviam localizado no seu pequeno corpo negro.

Voltou a andar em volta da casa, muito lentamente, já com poucas esperanças de vida. Deitava-se, levantava-se e caminhava, repetidas vezes, pois sabia instintivamente que, caso se entregasse, não sobreviveria. A vida insistia em não abandonar seu corpo. Mais uma vez o dia amanheceu e, com ele, o sol tênue que, ainda assim, aquecia e reanimava.

A noite voltou, como sempre voltava. O frio cortante começou a maltratá-lo mais cedo, devido à fraqueza que sentia. Mal podia caminhar, mas ainda assim conseguiu posicionar-se na direção da porta que poderia salvá-lo. Por várias vezes caminhou até perto dela, porém voltava atrás, temendo de novo o golpe inclemente. Assim, o gatinho preto foi encontrado morto no dia seguinte, no quintal da casa.

Entretanto, no dia anterior o dono da casa havia ido à cidade para fazer compras e seu carro ficara preso na estrada coberta de neve e gelo. Só conseguiu chegar de madrugada. Dentro da casa encontravam-se os três filhos pequenos do dono das temidas botas e eles gostavam muito de animaizinhos domésticos. Quais anjos inocentes, estavam procurando precisamente um gatinho preto. Teriam sido eles a abrir a porta.

Portanto, não permitamos que as dificuldades e as tormentas que eventualmente venham a abaterem-se sobre nós nos levem ao desespero. Ao contrário, tenhamos a certeza de que logo adiante uma porta amiga se abrirá, tudo ficará bem, e poderemos até sair mais fortalecidos do episódio, porque as dificuldades ensinam. Mas são como as lâminas: ou nos servem, ou nos cortam.

Jesus Cristo foi o peregrino da esperança por excelência. Especialmente da esperança na vida eterna. Essa foi sua grande promessa, a inovação que chegava ao mundo, a boa nova, a notícia do perdão e da salvação. A exemplo do Mestre de Nazaré e de Francisco de Assis sejamos nós também peregrinos da esperança.

Onde houver desespero, que eu leve a esperança...

Os anjos existem

Vinte e dois de dezembro de 1997, segunda-feira. O Natal se aproxima rapidamente. O mundo já está impregnado do salutar espírito natalino. Saio do trabalho para almoçar em casa, como faço todos os dias. Mas, chegando, noto inusitada agitação. Meu filho Clayton, que estava prestando, em Brasília, vestibular para a UNESP (Engenharia), procurava nervosamente sua Carteira de Identidade, sem a qual não poderia fazer a prova, que começaria daí a cerca de meia hora. Todas as pessoas que estavam na casa o ajudavam, nervosamente.

Entrei também na busca. Sala, quartos, cozinha, escritório, embaixo das camas. Nada.

Na cozinha, repousando alegre e tranquilamente em seu pequeno berço, um bebezinho de cerca de um mês de idade. Era Adriano, filho de Maria, nossa secretária do lar. Esta também, obviamente, estava empenhada na busca.

— Não dá mais tempo. Tenho que ir assim mesmo e tentar fazer a prova com a xérox autenticada — disse meu filho.

Entretanto, todos sabíamos que esse tipo de documento não era aceito, porque o jornal *Correio Braziliense* havia publicado recentemente notícia segundo a qual uma aluna fora retirada de sala, na Universidade de Brasília, em circunstância semelhante.

— Filho, dirija com muito cuidado. Não se preocupe tanto com a prova. Sua saúde e sua integridade física valem muito mais do que isso — recomendei.

Então ele informou que telefonaria para casa da porta da sala onde ia fazer a prova, para saber se o documento havia sido encontrado. E foi-se com Deus.

A procura continuaria em ritmo acelerado. Obviamente, pedíamos silenciosamente ao Criador que nos ajudasse em nosso empreendimento.

Foi então que Maria, a empregada que, como já disse, estava igualmente muito empenhada na busca, falou com seu pequeno Adriano o qual, serenamente, observava a movimentação deitado em seu bercinho, sem, "aparentemente", entender nada do que estava acontecendo:

— Oh, meu filhinho, fala com teus amiguinhos lá do Céu, para eles ajudarem a achar o documento do Clayton.

Fiquei sinceramente comovido com aquela atitude. A procura continuava.

Àquela altura dos acontecimentos, minha esposa teve a ideia de ligar para a casa de Henrique, o melhor amigo de meu filho vestibulando, para mais uma tentativa de encontrar o documento, considerando que eles haviam saído juntos no dia anterior. Mas a tentativa parecia inócua, uma vez que ligação semelhante já havia sido feita minutos antes, sem êxito.

Do outro lado da linha Henrique atendeu. Ouvindo a pergunta, já estava começando a respondê-la negativamente, mais uma vez. Nesse momento, porém, foi possível ouvir uma voz feminina interrompendo-o e dizendo alguma coisa. Era uma de suas irmãs, falando que sua outra irmã havia encontrado o documento. Mas estava trabalhando na cidade, na galeria do Hotel Nacional. Correria geral para encontrar essa pessoa. Era hora de almoço e, por isso, normalmente ela não estaria em seu local de trabalho. Mas, nesse dia estava. Ficou combinado que ela esperaria, em pé, na calçada próxima ao seu local de trabalho, dada a premência do tempo. Assim, pegamos com ela a imprescindível Carteira de Identidade.

Minutos antes, Clayton ligara para casa dizendo que estava entrando na sala de provas com a cópia do documento, mas que se não lhe fosse levado o original, para conferência em sala, ele estaria fora do certame. O documento foi levado a ele. Tudo resolvido. Alívio geral.

No dia seguinte de manhã, conversávamos em casa, sobre o ocorrido.

— Ainda bem que tive a ideia de telefonar e, por coincidência, encontramos o documento — disse um dos presentes.

— Coincidência é a palavra que quase sempre se usa nessas ocasiões — respondi. Mas, o que aconteceu, na verdade, foi uma clara demonstração de que os anjos realmente existem.

Um anjo ao abrigo do temporal

Rio de Janeiro, 6 de abril de 2010. Parecia que o mundo se acabava em água. A televisão anunciava, sem parar, os alagamentos e engarrafamentos. Notícias alarmantes, que já davam conta até dos desastres que se sucediam na cidade. Eu tinha passagem reservada para Brasília, para o voo das vinte horas e precisava ir nesse dia mesmo, uma vez que compromisso inadiável me aguardava naquela cidade.

Depois de notícias desencontradas quanto ao funcionamento dos aeroportos e, principalmente, quanto à viabilidade da viagem, finalmente surgiu uma esperança. Certo taxista, amigo da família que nos hospedava, afirmou que tinha condições de chegar ao aeroporto do Galeão, pois conhecia caminhos alternativos e se baseava em informações de seus colegas de trabalho, via rádio.

Sob a chuva saímos, portanto, da Rua Senador Vergueiro, no Flamengo, para o nosso destino. A cidade apresentava-se deserta, escura e sombria, pois as autoridades haviam recomendado à população que não saísse de casa. Afirmava-se que ainda permaneciam nas ruas pessoas que haviam saído do trabalho no anoitecer do dia anterior e, àquela hora, cerca de 15:30h., ainda não haviam chegado às suas residências.

A viagem até o aeroporto transcorreu sem incidentes, calma e rápida. Mas minha tristeza era grande: traumas de infância, que as circunstâncias atuais fizeram aflorar com força, num daqueles dias em que parece que a vida parou e não vai mais continuar. Despedimo-nos do motorista, agradecendo sua presteza e amabilidade, pusemos as bagagens no carrinho e nos dirigimos ao balcão da companhia aérea, onde a viagem foi confirmada, sem problemas.

A tristeza, as incertezas e o medo, porém, não me abandonavam. Subimos a escada rolante e, enquanto minha esposa fazia ligação telefônica para avisar aos anfitriões que tudo corria bem, dirigi-me à lanchonete próxima para adquirir uma garrafinha de água mineral.

Foi aí que aconteceu. Encostado à banqueta do bar, esperando ser servido, olhei para a direita. Então vi meu anjo: uma menininha com menos de dois anos de idade, cabelos castanhos, linda, com sua chupeta na boca — desde o colo de sua mamãe estava me olhando fixamente. Nossos olhos se cruzaram e ela, certamente meu anjinho da guarda, sorria entusiasticamente para mim, sem levar em conta a tristeza estampada em meu rosto.

Em geral as crianças são reativas, correspondem à simpatia que lhes endereçamos. Mas aquela não. Venceu essa barreira e seu sorriso era extremamente belo, carinhoso e acolhedor, mostrando até os dentinhos, apesar da chupeta que sustinha na boca.

Foi uma réstia de luz e de amor. Parece que era uma mensagem de Deus, para que eu me reanimasse, tivesse esperança, tocasse a vida para a frente. As tristezas vêm e vão, a vida continua e muita felicidade ainda me aguardava no porvir. Principalmente a felicidade maior, aquela de um dia poder ver face a face nosso Criador, talvez na figura de Jesus Cristo, que dirá acolhedoramente:

— Viu como tudo passou? Você cumpriu as metas desde sempre reservadas para o seu destino terreno e aqui está. Estamos juntos para as alegrias eternas. Talvez algum dia eu precise de você para, como meu anjo-mensageiro, proteger alguém da Terra que esteja precisando muito, triste, sem esperanças, tal qual você se encontrava naquele dia sombrio. Sua ternura, seu sorriso, talvez até suas palavras, levarão alento, esperança e força para que aquela pessoa reencontre a alegria e cumpra até o fim a missão que para ela está reservada.

Adeus e muito, muito obrigado, meu inesquecível anjinho. Neste planeta dificilmente iremos nos rever. E se acontecer, você estará crescida e eu, mais velho. Não nos reconheceremos.

Mas na eternidade, sim, você voltará a sorrir para mim e eu para você. Nossa alegria será permanente, a serviço de Deus.

Repare, há um Anjo perto de você

Num sábado que antecedia a chegada da primavera, resolvemos ir a um Bingo beneficente. O salão abrigava cerca de quatrocentas pessoas. Sentado à mesa, depois de algum tempo, tudo começou a ficar monótono, até porque eu vinha de uma cirurgia para implante dentário, que ainda incomodava. Mas, como bom adulto, *comportado*, mesmo com a inflamação e a dor que me acometiam, eu não me levantava da cadeira. Foi aí que reparei: a mesa ao lado estava ocupada por uma família, cerca de 10 pessoas, dentre as quais duas menininhas, de uns dois e três anos.

Elas também deviam estar sentindo a chatice. Mas partiram rápido para a solução do problema. Começaram a correr em volta da longa mesa, fazendo uma espécie de *trenzinho*. Corriam rindo, alegres, entusiasmadas, inocentes. Quando as percebi, resolvi entrar discretamente na brincadeira. Então, quando passavam perto de mim, eu estendia um braço, fazendo de conta que iria impedir a corrida. Elas riam muito, exultantes por ter encontrado outra *criança* para brincar. A cada volta eu repetia a prática. Então, para surpreender e inovar, passei a interceptar apenas a que vinha atrás no *trenzinho*. Depois a deixava passar. E assim foi por um bom tempo, nós três sorrindo de alegria.

Comecei a refletir sobre a sabedoria delas. Resolveram logo seu problema, de forma criativa, graciosa, sem incomodar quem quer que seja. Quanto as crianças têm a nos ensinar! Nós outros, chamados adultos, parecemos comportados, mas, na verdade, frequentemente estamos quase petrificados pelas falsas convenções sociais, pelo comodismo ou pela rotina. Afinal, pensamos que nunca devemos nos comportar como crianças. Que pena! Ai de nós! Porque, se não nos tornamos crianças, não enxergamos e nem vivemos o Reino, segundo ensinou o Rei dos Reis. É uma transmutação imprescindível.

A educação demonstrada pelas duas pequeninas também me surpreendeu. Quando nova cartela de Bingo começava a ser cantada, eu encerrava temporariamente minha participação na brincadeira. Elas compreendiam e respeitavam. Depois, voltávamos ao *trabalho*. Eu, cada vez mais encantado com os dois anjos, minhas novas amigas. Assim aconteceu até mais de onze da noite, quando resolvi me retirar. A multidão de participantes continuava ativa, aguardando a nova rodada. Agora, muitos esperavam em pé, o que demonstrava bem a lotação do salão.

Antes de sair, porém, procurei por minhas amiguinhas para lhes dar o beijo de despedida. A mais velha (três anos!) estava por perto. Dei-lhe um beijinho na testa e afaguei seus cabelos. Procurei com os olhos pela outra, a "catatauzinha", cabelos negros e compridos. Não a vi. Decidi ir embora sem me despedir. *Criança não precisa muito disso,* pensei. Mas estava enganado.

Caminhei por uns trinta metros em meio ao povaréu, abrindo caminho para alcançar a saída. Porém, já próximo à porta, de repente senti que alguém pressionava levemente minhas pernas, à altura dos joelhos, pela parte de trás. Voltei-me e quem estava lá?! A *chiquitita,* ela mesma! Olhava para cima, ansiosa por receber o beijo de despedida. Fiquei muito comovido com seu gesto. Era meu Anjo que se apresentava fisicamente naquela noite. Um presente para a noite, o dia, o mês, o ano, a vida...

No olhar inocente, alegre e sorridente das crianças podemos ver quanto Deus nos quer bem. Pode ser que ele se encarna naqueles pequenos e indefesos seres, para, por meio deles, dizer o quanto nos ama, que está conosco, que nunca vai nos abandonar. Mais ainda, enquanto certas pessoas, as quais transitam pelo mundo mergulhadas no egoísmo, insinuam "você é culpado", Deus, através do sorriso, da generosidade e do amor desses pequeninos, parece afirmar que acredita em nossa inocência.

Contemplando as crianças, mergulhando no amor profundo que elas irradiam, temos, de fato, a certeza de que estamos salvos.

Anjos de ternura

"Passará o céu e a terra, mas minhas palavras não passarão." Essa assertiva das Sagradas Escrituras põe em relevo o fato de que as verdades nela inscritas são permanentes e imutáveis. Que o Espírito Santo nos inspire para que possamos compreendê-las plenamente. Além disso, o Mestre Jesus recomendou que deixassem ir a Ele as criancinhas. Felizmente, nossa criança interior, pura, meiga e angelical nunca nos abandonou. Permanece habitando nosso Eu mais profundo, esperando pacientemente para ser reconhecida, resgatada e curada.

Urge, então, redescobrir essa criança interior, apoiá-la e amá-la incondicionalmente, prestigiando sua inocência original. Trata-se do resgate de nós mesmos, que proporciona o retorno ao coração do Pai. Observar e admirar as criancinhas que cruzam nosso caminho no dia-a-dia é, certamente, um pressuposto para atingir esse ideal.

No dia 24 de junho de dois mil e cinco, logo pela manhã, ao chegar ao Posto de Saúde do Lago Norte, em Brasília, onde ia coordenar mais uma sessão de Terapia Comunitária, observei uma senhora desembarcando de um *Civic*, trazendo no colo um desses anjos. A criança estava bem agasalhada.

Do capuz sobressaía seu rostinho magro e um tanto pálido, porém intensamente vivaz e alegre.

Tratava-se de uma menininha de dez meses de idade, segundo informou sua mãe. Aproximei-me mais. Ela estendeu suas mãozinhas, ofereci meu dedo indicador — eu tinha lavado as mãos pouco antes —, que ela passou a segurar com firmeza. Pude então reparar em seus pequenos olhos, brilhantes e penetrantes qual facho de luz negra e encantada. Brinquei com ela:

— Veio num carrão, hein?

A mãe respondeu que vieram de carona. A criança não soltou mais meu dedo e assim caminhamos juntos até a entrada do prédio, onde se encontrava o vigilante Heleno. Comentei com ele que naquele dia eu estava sendo trazido por aquela pequenina. Ela não soltava minha mão, apesar da recomendação da mãe em sentido contrário e tive de forçar um pouco, carinhosamente, para sair. Dei-lhe um beijo na testa, abençoei-a e segui em frente, agora bem mais feliz.

Crianças são anjos que encantam o mundo e trazem a mensagem de que Deus não perdeu a esperança no ser humano. Parece até que o Criador quer se revelar por meio desses pequenos portadores de simplicidade, alegria, confiança, encantamento e inocência, atributos próprios do Pai amoroso e compassivo.

Durante os três primeiros anos de vida, as crianças são verdadeiros cientistas, na busca de aprendizado, preparando-se para a idade adulta. Aliás, são superiores a muitos cientistas, pois não visam à fama ou a vantagens pecuniárias. A tudo observam maravilhadas e tudo as encanta.

São também nossos grandes mestres, na medida em que expressam as qualidades angelicais que nos são, igualmente, inatas. Diante do encantamento que despertam, não podemos deixar de retribuir-lhes a ternura e a alegria que nos dedicam. Confirma-se, assim, a assertiva de que o mundo assemelha-se a um espelho. A imagem que nele projetamos nos é prontamente devolvida.

Quando colocamos em prática, em nossa vida adulta cotidiana, os dons exteriorizados por esses anjos de ternura, constatamos facilmente que o Céu começa aqui.

Entretanto, na condição de seres puros e inocentes que são — inseridos, porém, num mundo ainda imperfeito, onde existem riscos e campeia a maldade —, necessitam, obviamente, de cuidados, compreensão e carinho que lhes proporcionem segurança e desenvolvimento saudável e equilibrado.

A árvore da vida

Conta a tradição que, em meio à deslumbrante floresta do jardim do Éden, cultivada no tempo eterno, foram plantadas quatro árvores. O Criador dedicava-lhes carinho especial, já que elas se destinavam a participar do maior milagre que o mundo iria presenciar.

A primeira alimentava a esperança de crescer, florescer, dar frutos e encantar o Planeta com sua sombra e beleza. Para isso, planejava permanecer hígida por muitos séculos; até mesmo por milênios. Porém, de repente, chega o lenhador. Ela tomba, é colocada para secar e finalmente cortada em tábuas. Imaginou, triste, que seus sonhos haviam chegado ao fim.

A segunda também alimentava grandes sonhos: sobreviver através de milênios, acompanhando a evolução do mundo, que pretendia encantar com sua beleza. Porém, mais ou menos na mesma época em que a primeira árvore tombou, ela também foi ao chão.

A terceira não pensava diferente. Almejava desenvolver-se frondosa, fornecer seus frutos aos pássaros coloridos, festejar a vida. Mas teve a mesma sorte. Muito frustrada em seus sonhos, já agora em tábuas, acompanhava o desenrolar dos acontecimentos.

A quarta árvore permaneceu em pé. Vicejou durante centenas de anos, nem imaginando que, assim como suas irmãs, fazia parte dos planos da salvação.

De fato, a primeira viu sua madeira ser utilizada para a construção de uma manjedoura, onde carinhosamente foi recostado um menino lindo, sorridente e meigo, de nome Jesus.

Trinta e três anos depois, a segunda árvore percebeu que dela estava sendo feita uma grande cruz, onde iria perecer, de braços abertos e acolhedores, o Rei dos Reis. Constitui-se na ligação entre a Terra e o Céu.

A terceira já havia sido utilizada para a construção de um grande barco, de onde alguns homens rudes, mas plenos de amor, iriam ver Aquele que, gloriosamente, caminhou sobre as águas, convidando um deles a que fizesse o mesmo. E que todos tivessem fé.

Finalmente, a quarta árvore, que havia sido mantida frondosa e bela por vários séculos, foi utilizada para a construção de uma ponte. Isso porque o Senhor constatara que um sem-número de seres humanos, criados para viver como reis e rainhas, estavam-se distanciando uns dos outros, enveredando pelos caminhos tortuosos do egoísmo e do desamor, afastando-se do plano de salvação. Esqueciam que era imprescindível aproximarem-se uns dos outros, impregnados de amor, para se aproximar também do Pai Eterno.

Portanto, quando algum de nossos sonhos mais caros não se realizar, não vamos andar frustrados, lamuriosos e desesperançados pela vida. Ao contrário, tenhamos a certeza de que um Pai bondoso e solícito nos reserva destino ainda melhor do que aquele que acalentávamos em nossos projetos.

Tudo concorre para o bem daqueles que amam a Deus.

Coincidência ou milagre?

Acontecem em nossas vidas fatos que nos levam a perguntar a nós mesmos: "trata-se de coincidência, ou de milagre?" Se somos pessoas de fé, enxergamos tais acontecimentos com os olhos da alma e fazemos com mais persistência esse questionamento. Então, muitas vezes, acabamos por entrever neles mais um milagre. Exemplos de tais acontecimentos na vida das pessoas contam-se aos milhares, apesar de a maioria deles passar despercebida. Relataremos apenas dois.

Mês de abril. Marcado mais um *galeto* em prol das obras da Igreja. Retiramos seis convites para tentar colocá-los entre os amigos. Resolvi oferecer dois deles a um casal que programara visitar-nos exatamente no dia designado para o almoço. Ela era minha colega de trabalho, advogada na AGU. Entreguei-lhe os tickets numa quarta-feira. Passada uma semana, perguntou-me se eu de fato os havia entregado. Afirmei que sim, com certeza.

Passa-se mais uma semana e aí sou eu a perguntar-lhe se os havia encontrado. Ainda não. O que fazer, falar com o pessoal da Igreja para substituí-los? Não, porque outros poderiam tê-los encontrado e deles se utilizar. Eu já estava propenso a adquirir mais dois convites e entregá-los. Com ônus em dobro.

Finalmente, na manhã da terça-feira que antecedia a data programada, conversando com um amigo, falamos sobre o Livro de Tobias, da Bíblia Sagrada, pouco conhecido de minha parte. A conversa girava em torno da interação psicologia/espiritualidade. Na parte da tarde desse mesmo dia, visitei a sala daquela colega. A mesa estava repleta de processos judiciais, empilhados. Papel para todo lado.

Estava assim justamente porque ela determinara à sua secretária que tentasse localizar os convites. Em cima de uma das pilhas, repousava, fechado, o Livro dos livros. Enquanto eu falava com ela, tocou o telefone e ela começou a atender. Demorava um pouco e eu, para não perder tempo, abri sua Bíblia. Caiu na página inicial do livro de Tobias e percebi que havia ali dois papeizinhos, perdidos no meio das páginas.

Não os reconheci, de início, mas daí a pouco me conscientizei, com surpresa, de que se tratava dos convites. Mostrei-os à colega, que ficou estupefata. Terminado o telefonema, sua primeira palavra dirigida a mim foi "milagre". Também acredito que tenha sido.

Na semana seguinte, por sugestão de meu filho Maurício, fomos a um Seminário onde se falou muito numa vida una, numa imensa vida, da qual fazemos parte, como cantava Francisco de Assis.

Hora do almoço. Fomos comer no *peso*. Em geral como bem menos que Maurício, o qual costumava fazer um prato alentado. Na fila da comida, estávamos longe um do outro. Encontramo-nos à mesa, onde ele já estava sentado. Pus a nota, com o peso registrado, sobre o móvel. Depois de alguns minutos, ele perguntou:

— Pai, esta nota é a sua ou a minha?

Quando respondi que era a minha, ele procurou a dele, comparou-as e afirmou, quase paralisado:

— 715 gramas cada uma!

"Iguais!" pensei. E poderiam variar de trezentos a mil gramas. Quantas alternativas! Que coincidência, pensei inicialmente. Mas daí a pouco me lembrei, com emoção, do tema da manhã. Todos somos partes de uma imensa vida.

Foi, sem dúvida, mais um milagre. Milagre da comunhão. Graças a Deus. A consciência de que os milagres existem é mais um fator a despertar nossa esperança em melhores dias.

Quando não podemos mais, Deus pode.

Nos caminhos do Senhor

"Feliz de quem se lembra do necessitado e do pobre, porque no dia do infortúnio o Senhor o salvará. O Senhor vela sobre ele e lhe conservará a vida, para que seja feliz na Terra; e não o abandonará à mercê de seus inimigos. O Senhor o assistirá no leito de dores e na sua doença o reconfortará" (Salmo 40, 2-4).

"Tende, sobretudo, uma caridade intensa uns para com os outros... Porque a caridade estende um véu sobre uma multidão de pecados" (1 Pedro 4,8).

Jesus revelou as diretrizes para um mundo de paz. Contudo, o fantasma das guerras, lamentavelmente, ainda não se afastou de nosso Planeta. Quantas já aconteceram e quantas continuam em curso! Todas tendo por trás o orgulho, a ganância, a incompreensão e o egoísmo, que é a raiz de todos os males.

Conta-se que, numa dessas regiões em conflito, a população procurava fugir do perigo cruzando a fronteira de um país vizinho. Para isso, tinha de atravessar um rio bastante largo, mas não muito profundo. Dentre a multidão havia doentes, crianças e aleijados, que não tinham forças para empreender, sozinhos, a travessia.

Encontrava-se também nesse lugar um homem muito alto, de ombros largos, consciente de que poderia cruzar o rio a qualquer momento. Por isso, não se apressava. Ao contrário, estava sentado, meditando, procurando acalmar suas ideias diante do conflito do qual estava fugindo. Mas também estava passando por um conflito interior. Dessa forma, perguntava-se como deveria agir para alcançar a salvação eterna.

Foi quando chegou ao local um Sábio, o maior de todos os sábios dentre os habitantes da Terra. O grandalhão levou-lhe suas inquietações, ao que o sábio respondeu:

— Repare nos pequenos, nos doentes e nos inválidos que estão à sua volta e dependem da boa vontade dos outros para atravessar o rio! Ajude-os com sua força, com seus ombros largos.

E assim ele fez. Pegava os desvalidos numa margem e os conduzia à outra, onde estariam a salvo. A certa altura, enquanto os colocava sentados no barranco, do outro lado do rio, começou a observar suas fisionomias, seus sorrisos meigos, seus olhos brilhantes de alegria, agradecimento e amor.

Compreendeu, então, que estava no caminho da salvação.

Do tamanho de um grão de mostarda

Mantendo abertos os olhos da alma e acesa a chama da esperança, verificaremos que os milagres acontecem a todo instante. Para nós, cristãos, enxergá-los e identificá-los, mesmo naqueles acontecimentos aparentemente triviais, não deveria ser difícil. Porque a palavra de Deus, revelada por meio das Sagradas Escrituras, garante ao ser humano que crê a faculdade não somente de perceber tal realidade, mas também a de executar prodígios, e até mesmo de realizar milagres.

Com efeito, no Evangelho de Mateus (Mateus 17,20), Jesus Cristo nos confere essa prerrogativa: "Se tiverdes fé, como um grão de mostarda, direis a esta montanha: transporta-te daqui para lá, e ela irá; e nada vos será impossível".

Em João 14,13, o Divino Mestre confirma essa faculdade: "Tudo que pedirdes ao Pai em meu nome, vo-lo será dado, para que o Pai seja glorificado no Filho".

Também em Mateus 21,21 nos certificamos de que o Salvador reitera tal possibilidade, quando afirma: "...se tiverdes fé e não hesitardes, não só fareis o que foi feito a esta figueira, mas ainda se disserdes à montanha: levanta-te daí e atira-te ao mar, isso se fará".

Um desses milagres aconteceu na sala de cirurgia de um Hospital público de Sobradinho-DF. O médico, jovem à época, realizava intervenção em determinada paciente. Toda sua equipe a postos, cada um desenvolvendo a tarefa que lhe competia. De súbito, uma imprevista hemorragia interna! Iniciam-se os procedimentos de praxe em tais casos, administrando-se, de imediato, a transfusão de sangue. Baldado esforço, a hemorragia não estancava. O tempo corria celeremente, o ambiente era tenso, o estoque de sangue disponível no Hospital chegara ao fim e a hemorragia continuava.

O médico continuava lutando por sustentar a vida da paciente, cujo sangue rapidamente se exauria. Agora, já nem sangue brotava, mas tão-somente um líquido claro-avermelhado (soro). Os instrumentos que mediam os sinais vitais da paciente já iam mostrando aquela temida linha reta, indicativa de que a vida estava por um fio. Mais ainda, os olhos começavam a apresentar a aparência vítrea, que pode significar morte iminente.

O jovem médico, entretanto, não desistia, mantinha a esperança. Continuava tentando manter a vida naquele corpo que imaginou pertencer a uma mãe de família. Seus colegas de trabalho chegaram a dizer-lhe que estava operando um cadáver. Viu-se, então, em tamanha aflição, sem outro caminho a não ser invocar fervorosamente Deus para que ajudasse a paciente, que cessasse a hemorragia. Foi o que fez. Somente ele permanecia no local. Repentinamente, como por encanto, estancou-se o fluxo de líquido e o corpo começou a apresentar sinais de vida, com as linhas verdes dos aparelhos entrando em movimento.

A cirurgia então, obviamente, prosseguiu até o fim, com grande pasmo dos integrantes da equipe. Terminado o trabalho, o cirurgião retornava ao lar. Mas ainda preocupado, imaginava: "Amanhã, certamente estará morta. Com tudo que aconteceu, é humanamente impossível que sobreviva". Mas qual não foi sua surpresa quando, retornando ao Hospital no dia seguinte, encontrou-a sentada na cama, em seu quarto, apresentando todos os sinais de recuperação!

Esse cirurgião é o Dr. Dimas, de Brasília, que já era um homem de fé e, com essa manifestação do poder divino, passou a tê-la em maior profundidade ainda. Hoje faz questão de divulgar o fato, para maior honra e glória de Deus.

Ah! se todos os médicos do Brasil e do mundo fossem inteirados de tal indescritível sucesso e, como o Dr. Dimas, se pusessem inteiramente à disposição do Criador, como instrumentos de preservação da vida! Quantos milagres a mais poderiam suceder! Quem sabe, algum dia isso venha a ocorrer, porque tudo indica que a tendência dos seres humanos é viver cada vez mais a espiritualidade, preenchendo aquela sede de Deus, ínsita em todo ser vivente.

Minha paz vos dou

"Se quiseres encontrar o amor, a paz, a alegria e a felicidade em todos os lugares, leva-os contigo", afirmou poeticamente certo pensador. Isso parece corresponder aos ensinamentos bíblicos que nos conclamam a caminhar com Cristo, na sua paz, portanto. De fato, vê-se, exemplificativamente, no Evangelho de João:

"Eu sou a luz do mundo! Quem me segue, não andará nas trevas, mas terá a luz da vida" (João 8,12). E ainda:

"Deixo-vos a paz, dou-vos a minha paz. Não vo-la dou como o mundo a dá. Não se perturbe o vosso coração, nem se atemorize" (João, 14,27).

Da mesma forma o conselho de Paulo:

"Toda amargura, irritação, cólera, gritaria, injúria, tudo isso deve desaparecer do meio de vós. Sede bons uns para com os outros..." (Efésios, 4,30-5,2).

Certas cidades antigas eram cercadas por muralhas e quem nelas quisesse entrar teria de passar pelo grande portão, rigorosamente guardado. Conta-se que, numa delas, o porteiro era um sábio, encarregado de escolher quem poderia ali entrar e residir. Certa feita, chegou àquele local um caminhante, interessado em fixar morada naquela cidade, pois a fama do lugar ultrapassara as fronteiras. Avistando o sábio, perguntou-lhe como eram seus habitantes. Eram bons ou ruins? Antes de responder, entretanto, o sábio lhe devolve a pergunta:

— E os moradores da cidade de onde você vem, o que me diz deles?

— São muito ruins, são péssimos. Por isso mesmo estou querendo mudar-me de lá — foi a resposta. O sábio então lhe disse:

— Aqui também todos os moradores são maus. Siga em frente.

No dia seguinte, pela mesma estrada empoeirada chega outra pessoa que, coincidentemente, provinha do mesmo lugar de origem do caminhante anterior. Fez a mesma pergunta ao sábio porteiro, isto é, se os habitantes dessa cidade eram bons ou ruins. Da mesma forma, a pergunta lhe é devolvida:

— Qual a índole dos habitantes de sua cidade de origem?

A resposta, entretanto, foi diametralmente oposta à do anterior:

— Meus conterrâneos são todos bons. Pessoas excelentes.

Ao ouvir isso, o sábio respondeu prontamente:

— Aqui também todos são bons; pode entrar e seja bem-vindo.

Essa alegoria vem nos relembrar um ensinamento que todos já conhecemos, mas que nem sempre colocamos em prática, segundo o qual a vida nos devolve a imagem que nela projetamos, quer dizer, nossa própria imagem.

Mais uma vez nos concita a seguir o conselho de Jesus, no sentido de fazer aos outros o que queremos que eles nos façam; e de que não devemos julgar quem quer que seja. Esses, como os demais conselhos bíblicos, confirmam a verdade de que as palavras do Mestre Eterno conduzem à harmonia, à felicidade e à salvação.

A arca de Noé

Verão no hemisfério sul, com os termômetros marcando temperaturas inusitadamente elevadas. Num mês de fevereiro, de férias, iniciamos o roteiro habitual no estado de S. Paulo. O pernoite em Ribeirão Preto foi penoso, com o calor realmente incomodando. Em seguida, viajamos mais para o interior (Marília), onde o astro-rei continuava projetando intensamente seus raios, produzindo um calor inclemente que fustigava a todos, trazendo desconforto especialmente para os visitantes. Esse fato fez com que abreviássemos nossa permanência naquela região.

Encaminhamo-nos, então, para uma cidade praiana, no mesmo estado, em busca de brisa marítima que aliviasse aquele sofrimento, o que de fato aconteceu. Porém, a má impressão e a preocupação com o calor intenso persistiam, face à consciência de que outras pessoas continuavam sofrendo com aquele fenômeno.

Na manhã seguinte, quando abri o *Estadão*, o jornalista registrava os transtornos causados pelo calor, aduzindo que era provocado pelo progressivo aquecimento do Planeta e consequente derretimento das calotas polares. Após ter lido a notícia, meu mal-estar interior havia aumentado, pois comecei a pensar numa hipotética inundação total que poderia exterminar a vida na Terra. Em seguida, lembrei-me da passagem bíblica que relata a grande inundação determinada por Deus, em decorrência dos desmandos dos seres humanos.

O dilúvio, porém, foi antecedido por aviso a Noé, no sentido de que tomasse providências visando à preservação da vida no Planeta. Ainda um pouco preocupado veio-me, entretanto, à mente essa promessa do Salvador: "Vinde a mim vós todos, que estais cansados e sobrecarregados, e eu vos darei descanso (Mateus 11, 28). O alívio foi imediato, principalmente depois de lembrar-me de outra promessa feita pelo Criador, no sentido de que o mundo não acabaria por inundação total. De fato, atualmente, os tsunamis e outros desastres climáticos ameaçam partes do globo. Os que fustigaram Japão e Haiti, em 2011 e 2010, deixaram rastros de morte e destruição. Catástrofes regionais.

Restava, pois, usufruir tranquilamente o restante das férias, apreciando as belezas naturais e o convívio com familiares e amigos.

Cinco dias depois já nos encontrávamos de volta a Brasília. Era um sábado e pelas onze horas dirigi-me a uma locadora de filmes. Como estava ainda em férias, comecei a analisar com calma o acervo. Dentre os títulos chamou-me a atenção *A arca de Noé*. Coincidência — pensei — mas voltava à lembrança o calor e o pensamento tranquilizante da promessa de Deus.

Às dezoito horas desse mesmo dia fomos à igreja. A leitura bíblica estava a meu cargo, e qual não foi a surpresa quando me deparei, exatamente, com o texto *Arca de Noé*, contendo aquela alentadora promessa de que a Terra nunca mais seria inundada em toda sua extensão, como aconteceu na época daquele patriarca bíblico.

Passada a primeira emoção, ficou a certeza de que não se tratou de coincidência, mas sim de mais uma manifestação divina. O Pai Eterno, na sua extrema bondade, acenava com a realidade de que Nele devemos depositar nossa confiança, repousando em Seu espírito — e fazendo o que nos compete fazer — na certeza absoluta de que Ele cuida de nós como seus filhos queridos.

Restou, ainda, a constatação de que, costumeiramente, esperamos muito para recorrer a Deus e entregar-lhe confiantemente as apreensões que nos assolam. Talvez isso aconteça porque, com nossos instintos, enxergamos mais facilmente as coisas materiais, acessíveis aos olhos e, com isso, procuramos teimosamente resolver tudo com nossos próprios recursos. Mas tais recursos são tão exíguos e limitados frente à imensidão da força do Pai, detentor de todo poder!

Portanto, quando alguma aflição fustigar nossa mente, tentando nos roubar a serenidade, não permitamos que isso aconteça. Repousemos nos braços amorosos de Deus, na certeza de que Ele sempre está conosco.

Porém, quando, ao invés de aflições, formos abençoados com alegria e felicidade, lembremo-nos também de exclamar *Abba* Pai! — Paizinho —, dando-lhe graças, carinhosamente, por tudo que somos e por tudo que existe na perfeita Criação.

Dentro desse espírito de gratidão cabe lembrar, ainda, a necessidade urgente de nos conscientizarmos sobre a educação ambiental, preservando, assim, a nossa morada e diminuindo a tristeza da Mãe-terra, que parece chorar de dor diante de tantos abusos contra ela cometidos.

O cruzeiro do sul

A viagem fora longa, mas estava valendo a pena. Em plena Mata Atlântica, na reserva ecológica da Jureia, onde o Ribeira de Iguape deságua no mar, estávamos empreendendo a travessia à balsa e apreciávamos enternecidos a Mãe-natureza. Imensidão de água, garças brancas como a neve voando ou acomodadas nas margens. Corpo esguio, cabeça e postura altivas, pernas incrivelmente finas sustentando a estrutura composta quase que somente de asas, estas sim, garantindo sua segurança e liberdade.

Nesse ambiente exuberantemente selvagem, aportamos na ilha denominada Barra dos Pescadores. Ali viviam cerca de trezentas famílias, em residências rústicas e pobres. Alojamo-nos numa dessas casas humildes, entre pessoas amigas, e estávamos agora jantando. Mas, a certa altura, um dos assuntos sobre o qual um dos visitantes falava não me agradou. Terminei rapidamente a refeição, pedi licença para me ausentar e saí caminhando pela rua que margeia o rio.

Ao longe, ouvia-se o barulho do mar, agora mais alto, porque no começo da noite a maré subira e as ondas se projetavam com certa violência sobre a praia. O céu, que antes estivera profusamente pontilhado de estrelas cintilantes, agora já se toldara de nuvens, fazendo desaparecer por completo os luzeiros do infinito.

A tristeza trazida pela escuridão começou a envolver-me e pensamentos de dúvida e medo ameaçavam toldar também meu ânimo. Apesar da fé, da confiança e da certeza na misericórdia divina, perguntava-me o que será de nós quando nossos olhos se cerrarem para este mundo.

De repente, do céu veio um grande presente. Uma visão que me comoveu profundamente, promovendo um enlevo de amor e paz, que sempre agradecerei ao Criador: dentre as nuvens escuras, uma única abertura agora se apresentava, deixando ver quatro estrelas, maravilhosamente cintilantes. Formavam uma cruz.

Era o cruzeiro do sul que resplandecia no céu escuro.

Vislumbrei nele, acima de tudo, o símbolo do Salvador que na sua extrema bondade com ele parecia acenar, cumprimentando um simples mortal. Que, entretanto, ama profundamente o Senhor e acredita na sua promessa de salvação e de apoio:

"Eis que estou convosco todos os dias, até o fim do mundo." (Mateus 28,19).

Esperança, alento para o corpo e para a alma

A mais fiel de todas as companheiras da alma é a esperança, pregava Padre Antônio Vieira. Meses atrás, enquanto aguardava na ante-sala de um consultório médico localizado nas dependências do Hospital Santa Helena, em Brasília, eu conversava sobre esse assunto com uma enfermeira que ali também esperava por consulta. Falávamos da relação existente entre otimismo, esperança e saúde. Ela então relatou um fato que ocorrera ali mesmo, na semana anterior. Dois pacientes haviam chegado àquele Hospital para se submeterem a determinada cirurgia. O mesmo tipo de cirurgia.

— Um deles estava otimista — disse ela. Afirmava que tudo ia correr bem, que logo estaria curado; o outro, muito pessimista, comentava que não sairia da intervenção com vida.

Aconteceu exatamente o que eles previam. Um ficou curado, o outro morreu. Fiquei impressionado com o relato. Sempre ouvira falar da importância de pensar positivamente, de ser otimista, de jamais perder a esperança. Ali estava a comprovação prática dessa necessidade.

Os otimistas autênticos veem as pessoas como participantes ativos de suas próprias vidas. Acreditam que as expectativas desempenham papel importante no sentido de determinar o que lhes acontece. Sabem que as expectativas positivas os levam a tomar medidas concretas que os aproximam de suas metas.

O Dr. Christopher Peterson, Ph.D., professor de Psicologia na Universidade de Michigan — EUA, citado por M. Seligman (2005) no livro *Aprenda a ser otimista*, afirma que existem bons indícios de que esse tipo de otimismo pode melhorar a qualidade de vida da pessoa, podendo também desempenhar papel importante na manutenção da saúde física.

— Nas últimas décadas — ensina ele — estudos cada vez mais frequentes vêm demonstrando uma associação entre a boa saúde e características psicológicas positivas como o otimismo, a esperança e o senso de controle.

Como exemplo, o professor menciona duas atitudes diante de um acontecimento desagradável ocorrido com duas pessoas. A otimista acredita que o fracasso foi circunstancial e que da próxima vez dará certo. A pessimista não consegue parar de pensar que ela é um fracasso e que, por isso, nunca conseguirá realizar nada importante na vida. Esta buscou explicações internas para o fracasso, sugerindo algum tipo de falha fundamental que a levará a fracassar também no futuro. A otimista, ao contrário, acredita que futuramente conseguirá concretizar seu intento.

Diferentes também são as formas de encarar os efeitos do problema. Enquanto uma o considera um problema global, a outra o vê como específico desse fato e não espera que afete outras esferas de sua vida.

Referido estudo da *esperança* sugere outra forma de entender as atitudes das pessoas com relação ao futuro. A esperança teria dois componentes, quais sejam, a determinação pessoal de atingir metas e a capacidade de criar planos para atingi-las. Em vários tratados acadêmicos, ficou demonstrado que a esperança está associada a resultados bem-sucedidos em inúmeras esferas da vida, como o trabalho, o desempenho escolar e também a saúde.

Outro estudo, levado a efeito pelo psicólogo Timothy Elliott, da *Virginia Commonwealth University*, demonstrou que pacientes paralisados em decorrência de lesões da medula espinhal, os quais vivenciavam pontuações altas na escala de esperança, saíam-se melhor, tanto em termos emocionais quanto físicos, do que os que tinham pontuações baixas nesse aspecto. Os esperançosos eram mais ativos.

Analisando o livro do Eclesiastes 3,1-8, certo poeta, inspirado e esperançoso, escreveu: "Não se apresse na vida, não queira correr sem necessidade. Para tudo há um tempo certo, um tempo e um lugar. Tempo de nascer, crescer, tempo de morrer; tempo de plantar e de colher. Mas todo tempo é tempo de esperar".

Conclui-se que viver com esperança é fator indispensável para uma vida saudável, feliz e produtiva. Desperta a alegria, até porque nos incute a convicção de que existe solução para o problema que nos aflige. Proporciona tranquilidade e força para que implementemos as medidas que se fizerem necessárias para atingirmos nossa meta. Essa expectativa, por si só, se traduz em felicidade. Especialmente se estamos esteados na fé, a esperança e o otimismo encontrarão força na mensagem bíblica segundo a qual o Criador quer o melhor para seus filhos.

Foto do autor. Rio Jordão em Israel, como se encontra hoje.

CAPÍTULO II

O CAMINHO MAIS CURTO PARA A FELICIDADE

Eu vim para servir

Ao anúncio sagrado de que traria ao mundo o Salvador, a Virgem Maria respondeu: "Eis aqui a serva do Senhor, faça-se em mim segundo a tua palavra" (Lucas 1,38).

Seu filho-Deus, anos depois, também afirmaria que veio ao mundo para servir e não para ser servido. Esses dois exemplos santos devem nos inspirar o desejo permanente de servir ao próximo, como forma de atenuar ou dirimir os percalços que o mundo apresenta e, principalmente, de promover nossa sintonia com o Eterno.

A estrada é longa, com curvas que não têm fim e é preciso caminhar. Mas somos fortes para vencer, porque somos impulsionados pelo amor — afirma a tradicional canção norte-americana *He isn't heavy, he's my brother (Ele é meu irmão)*, que nos incentiva a servir ao irmão necessitado.

Assim é que, numa das curvas dessa longa estrada da vida, meu sono se tornara leve a ponto de, pelas quatro da madrugada, já se esmaecer, insistindo em abandonar-me, para só retornar no outro dia por volta da meia-noite. Já havia mais de quinze dias que essa era a rotina. Que fazer, então, enquanto a bendita inconsciência do sono insiste em não voltar? Orai e vigiai, não é isso que está escrito na Bíblia? Vamos aproveitar o tempo.

Aconteceu então que, no terceiro mistério de uma dessas longas madrugadas, imaginei-me contemplando, no lugar onde estava o menino Jesus, uma cena magnífica: O local não parecia uma estrebaria e nem mesmo havia qualquer interesse pelo aspecto material dali, porque a visão que se mostrava para mim magnetizava todo meu ser, todos os sentidos, muito além da razão. À minha frente, deitado de costas, numa espécie de berço de folhas naturais, repousava o menino-Deus; ao seu lado direito, o pai, São José; do lado esquerdo, a mãe, a Virgem Maria. Adoravam-no maravilhados. Era tanta calma, tanto amor e tanta felicidade, que não cabia qualquer expressão por palavras. Só o silêncio e a contemplação, em êxtase.

Comecei, nas primeiras madrugadas, por posicionar-me deitado de bruços no chão, em frente ao bercinho, em sinal de profunda adoração. Algumas madrugadas depois, de bruços ainda, eu já ia chegando mais perto. Agora, já encostava, de longe, a ponta da minha mão direita em seu pezinho. Indescritível sensação de acolhimento e de paz.

Os dias se passavam e, finalmente, faltando apenas três semanas para o Natal, via-me deitado de bruços, mas já mais próximo do bebê-Salvador. Aproximei-me mais, a ponto de encostar minha cabeça nos seus pezinhos. A partir daí, já não sei se eu estava consciente ou inconsciente. Mas a sensação ultrapassara em muito as barreiras do natural e era de paz celestial. O pai, a mãe e o menino-Deus continuavam em seus lugares, e pensei: “Nunca mais vou sair daqui. Jamais sairei de sua presença. Aqui é o meu céu.”

Já me via, então, não mais deitado, porém sentado sobre minhas duas pernas cruzadas, encostado à parede, sempre de frente para o Menino e seus pais.

"Vou ficar aqui parado. Não quero mais nada na vida."

Esse era meu sentimento. O silêncio continuava. Já fazia um dia e meio que essa era a situação, do corpo e dos sentidos. Porém, por meio do coração, veio a mensagem silenciosa:

"Ele veio para servir."

Essa afirmação parecia não se conciliar com a situação fisicamente estática em que me encontrava.

Aconteceu então que, num arrebatamento de amor, o pai e a mãe, juntos, com toda calma, cuidado e carinho, pegaram seu filhinho-Deus, dirigiram-se muito lentamente para onde eu me encontrava e o colocaram em meu colo. Eu não podia acreditar em receber tamanha honraria e bênção. Mas era real, naquele ambiente de indescritível paz. Remanesceu a sensação do serviço. Pegar no colo, servir aos irmãos...

De repente, sobreveio de novo a lucidez, dentro da insônia parcial que ainda me acometia. Aquelas imagens se esmaeceram naquele momento. Mas, como resposta ao ocorrido, lágrimas de emoção fluíam de meus olhos, banhando-me as faces. Na consciência mais profunda, a necessidade de imitá-lo, ainda que palidamente, servindo, de alguma forma, aos irmãos mais necessitados. E o pedido persistente, como fazia o apóstolo Paulo (Gálatas 2,20):

"Assim, já não seja eu quem vive; mas Cristo é quem vive em mim", fazendo deste humilde ser mais um instrumento de seu amor e de sua paz.

Que a querida Mãe nos auxilie nessa intenção, intercedendo perante seu amado filho. E que quando chegar a hora de passarmos para a eternidade, ela esteja conosco, pegando docemente nossas mãos, conduzindo-nos e recomendando-nos perante o Salvador.

A maior prova de amor

Mesmo num pântano lamacento, sempre haverá uma flor para quem sabe ver com os olhos do coração. Conta-se que, em plena guerra do Vietnã, um dos orfanatos dirigidos por um grupo de religiosos foi duramente atingido por um bombardeio. Os missionários e duas crianças tiveram morte imediata e as restantes ficaram gravemente feridas. Entre elas, uma menina de oito anos, considerada em pior estado.

Pediram ajuda pelo rádio e, ao fim de algum tempo, um médico e uma enfermeira estrangeiros chegaram ao local. Teriam de agir rapidamente, senão a menina pereceria devido aos traumatismos e à perda de sangue. Havia necessidade urgente de transfusão. Mas, após alguns testes rápidos, perceberam que ninguém ali possuía o tipo de sangue compatível.

Reuniram, então, as crianças e, entre gesticulações, arranhando o idioma, tentavam explicar o que estava acontecendo. Precisavam de um voluntário para doar sangue. Depois de um pesado silêncio, viu-se um braço magrinho levantar-se timidamente. Era um menino chamado Heng, que tinha a mesma faixa etária da garota. Verificada a compatibilidade, ele foi preparado às pressas ao lado da menina agonizante. Espetaram-lhe a agulha na veia. Ele permanecia quietinho, mas com o olhar perdido ao longe. Entretanto, passados alguns segundos, deixou escapar um soluço furtivo e cobriu o rostinho com a mão que estava livre.

Observando isso, o médico perguntou-lhe, por meio de gestos, se estava doendo. Ele negou. Momentos depois, o profissional repetiu a pergunta, mas ele continuou negando. Os soluços, antes ocasionais, agora se intensificavam, terminando por dar lugar a um choro silencioso, porém ininterrupto. Era evidente que algo estava errado e isso preocupou a equipe. Temendo não estar sendo compreendido pelo menino, o médico chamou uma enfermeira vietnamita, que acabara de chegar de outra aldeia, e pediu-lhe que procurasse saber o que estava acontecendo.

Com voz meiga e doce, ela foi conversando com o menino, explicando-lhe a situação. O rostinho dele, aos poucos, foi-se transfigurando, da apreensão para a tranquilidade e, em seguida, para a serena alegria. Então ele pronunciou uma frase para a enfermeira, que a equipe, curiosa, pediu que fosse traduzida. A enfermeira explicou:

— Ele pensou que ia morrer. Não tinha entendido direito o que vocês disseram e estava pensando que ia ter de dar todo seu sangue para salvar a menina.

O médico, comovido, aproximou-se dele e, com a ajuda da enfermeira, perguntou:

— Mas, se era assim, por que então você se ofereceu para doar seu sangue?

A resposta surpreendeu a todos e fez com que, dos olhos daqueles experientes profissionais, brotassem lágrimas furtivas e emocionadas.

— Ela era minha amiga.

Lágrimas que se transformam em flores

Um comboio do exército norte-americano trafegava pela estrada de terra, pedregosa e esburacada, cruzando o deserto do Texas. Uns vinte recrutas, sentados nos bancos de madeira, ocupavam as duas laterais de um dos veículos. O percurso era longo e a noite fria, como são as noites no deserto. Um desses jovens militares pensava em sua vida, rememorando sua triste sina. Seu pai — que já se fora deste mundo — tinha sido alcoólatra e, nessa condição, havia infligido sofrimentos horríveis à mãe do militar, aos seus irmãos e a ele próprio.

— Por quê? — Perguntava-se.

Foi quando o frio da noite o obrigou a colocar as mãos nos bolsos, que seus dedos tatearam o crucifixo que lhe havia sido dado por sua querida mãe. Distraiu-se por um instante, mas logo voltavam aquelas ideias sombrias. De repente sentiu, profundamente, a presença de Cristo. Então resolveu mudar de forma radical o rumo de sua vida, decidindo tornar-se sacerdote e dedicar os dias que lhe restavam a cuidar de viciados em álcool e outras drogas.

Esse homem, Padre Haroldo Raham, hoje um jesuíta radicado no Brasil, fundou diversas fazendas para acolhimento e recuperação de dependentes. Altamente espiritualista, um quase-santo. Atualmente, com cerca de noventa anos de idade, há muito tempo adotou nosso país como sua pátria definitiva. Ele afirma que, no fim de sua jornada terrena, aqui seu corpo repousará e, transformando-se em pó, reviverá, nutrindo a vegetação que irá servir de adorno ao local.

Nem mesmo o corpo morre completamente!

Décadas após aquela transformação pessoal, cena semelhante — e não menos real — aconteceu no sertão do nordeste brasileiro, que dizem ter muita semelhança, em aridez, com o do Texas. Pessoas reunidas no cômodo simples da casinha de pau-a-pique, piso de terra batida, estavam melancólicas, porque ali jazia um corpo sem vida. Entre os presentes, um menino de apenas sete anos. Mergulhado em profunda tristeza, ele contemplava aquelas mãos cruzadas e inertes, que nunca mais iriam afagar sua cabeça, repousar em seus ombros, indicar-lhe os passos a seguir. Chorava muito. Foi quando alguém, para consolá-lo, disse:

— Não chore. Seu pai está no céu e de lá estará sempre olhando por você.

Depois daquele dia, o menino, ainda sem compreender o porquê daquela dor, voltava-se para o alto, para as nuvens, esperando ver ali seu querido pai. Também ele, tempos depois, tornou-se religioso. Hoje, quando as dificuldades da vida o afligem, e José Moura — esse o seu nome — não consegue compreender o porquê, olha ainda para o alto, agora para muito mais alto, e entrega ao Pai Eterno suas angústias, voltando, assim, a repousar no Espírito.

Dois exemplos verdadeiros e emocionantes a nos indicarem que, às vezes, os ventos deste mundo nos açoitam com inclemência a ponto de nos fazer curvar para um lado, para outro. Tal qual acontece com as pequenas árvores do descampado, que chegam a vergar até encostar no chão, mas voltam sempre à posição normal. Agora mais fortalecidas devido ao esforço despendido para sobreviver.

Imitemos esses dois homens consagrados. Assim, quando as tormentas deste mundo nos fustigarem cruelmente, fazendo-nos curvar até encostar na Mãe-terra, logo nos reergueremos. Manteremos sempre nossos olhos espirituais voltados para Deus.

Então, poderemos até chorar, mas estaremos vertendo lágrimas que se transformam em flores.

Eu preciso tanto de você!

A Sabedoria tem sua fonte primária em Deus. Seres humanos de todos os tempos, como antenas captadoras de diferentes matizes, apreendem os infinitos aspectos dessa Sabedoria, filtrando-os segundo o subjetivismo e a personalidade de cada um. Passam, então, a ser instrumentos de sua propagação, divulgando-a sob as mais diversas formas. Foi assim que surgiu o inspirado e comovente texto transcrito abaixo, cujo autor, ao que consta, de tão humilde, preferiu manter-se no anonimato:

> Quando você se levantou pela manhã, eu já havia preparado o sol para aquecer o seu dia, e o alimento para sua nutrição. Sim, eu providenciei tudo isso enquanto vigiava seu sono, sua família, sua casa. Esperei pelo seu bom dia, mas você se esqueceu... Bem, você parecia ter tanta pressa, que eu perdoei.
>
> O sol apareceu, as flores ofereceram seu perfume, a brisa da manhã o acompanhou e você nem se lembrou de que eu é que havia preparado tudo para você. Seus familiares sorriram, seus colegas o saudaram, você trabalhou, estudou, viajou, realizou negócios, alcançou vitórias, mas não percebeu que eu estava cooperando com você, e mais o teria ajudado se você tivesse dado a chance. Eu sei, você tanto corre... Eu perdoei.

Leu bastante, ouviu muito mais coisas ainda, e não teve tempo de ler, de ouvir a minha palavra. Eu queria falar, mas você não parou para me ouvir. Eu quis até o aconselhar, mas você nem pensou nessa possibilidade. Seus olhos, seus pensamentos, seus lábios, seriam melhores. O mal seria menor em sua vida. A chuva que caiu à tarde foram minhas lágrimas pela ingratidão, mas foram também as minhas bênçãos sobre a terra para que não lhe falte o pão e a água.

Findou seu dia. Você volta para casa, mandei a lua e as estrelas tornarem a noite mais bonita, para lembrar-lhe meu amor por você. Certamente agora você vai dizer um obrigado e uma boa noite... Psiu... Está me ouvindo? Já dormiu. Que pena! Boa noite. Durma bem. Eu fico velando por você.

Do seu eterno amigo, Jesus Cristo.

Quem teria sido o autor de pensamentos tão profundos? Não poderia ter sido o próprio Salvador, percebendo quantas situações existem para ser consertadas e concertadas neste mundo que ainda se encontra em construção?

Considerando-se sua profunda humildade, pode ser que, olhando-nos com Seus olhos de amor sem fim, quis mais uma vez, por meio de um dos seus instrumentos terrenos, conclamar-nos a cumprir o papel que o Pai nos reservou, visando à edificação do mundo perfeito que desde sempre idealizou para suas criaturas.

As águas do Jordão ainda refletem a imagem de Jesus

Na Palestina existem dois mares, ambos alimentados pelo rio Jordão. Um é doce e, em suas águas, cardumes de peixes circulam em profusa e prateada coreografia. Prados, bosques e jardins enfeitam suas margens. As árvores estendem sobre ele seus ramos e lançam raízes sedentas para beber de suas águas. Em suas praias brincam ainda hoje grupos de crianças, como brincavam aquelas que Jesus mandou que deixassem ir a Ele.

Em um vale vizinho, o Mestre deu de comer a cinco mil homens com apenas cinco pães e alguns peixes. O Rei dos Reis amava o Mar da Galileia. Contemplando sua superfície azul, proferiu belas e comoventes parábolas, indicando, desde então e para sempre, os caminhos que nos colocam em harmonia com a Grande Vida.

Esse mar que ri e canta sob a carícia do sol é formado por águas espumantes, que descem saltando alegremente dos cerros. Às suas margens, os homens edificam casas, os pássaros constroem seus ninhos e tudo quanto ali vive é feliz.

Entretanto, o Jordão desemboca ao sul em outro mar, onde não há movimento de peixes. É circundando por um deserto onde não há sussurro de folhas, nem canto de pássaros, nem risos infantis. Os viajantes evitam essa rota, a menos que a urgência de seus negócios os obrigue a segui-la. Uma atmosfera densa paira sobre esse mar extremamente salgado. De suas águas nem o homem, nem os animais, nem as aves bebem jamais. É o Mar Morto.

A que se deve essa enorme diferença entre os dois mares vizinhos? Não se deve ao Jordão, tão fertilizante é a água que lança num como no outro. Também não se deve ao solo que lhe serve de leito e nem às terras que o circundam. A diferença se deve ao fato de que o mar da Galileia recebe as águas daquele rio, mas não as retém ou conserva em seu poder. Para cada gota que entra, sai uma gota. O dar e receber se cumpre ali em idêntica medida.

Mas o outro mar é avaro. Retém, enciumado, o que recebe. Jamais é movido por impulso generoso. Cada gota que ali cai, é gota que ali fica. O mar da Galileia doa e vive. O outro não doa nada e morre.

A fertilidade e a aridez, a alegria, a tristeza, a vida e a morte estão ali representadas. É a Natureza insistindo em recordar as palavras do Mestre, registradas enfaticamente pelo apóstolo Paulo:

"Ainda que eu falasse a língua dos homens e dos anjos, se não tiver caridade, sou como bronze que soa, ou como o címbalo que retine. Mesmo que eu tivesse o dom da profecia, e conhecesse todos os mistérios e toda a ciência; mesmo que tivesse toda a fé, a ponto de transportar montanhas, se não tiver caridade, não sou nada" 1 Coríntios, 13.

Quando ajudamos os irmãos mais necessitados, estamos lançando ao mundo uma mensagem de abundância, de riqueza, de alegria e de bondade. O Universo é inteligente e capta essa mensagem de fraternidade. Passa então a nos doar também, agora muito mais do que aquilo de que abrimos mão. Então, por acréscimo, somos agraciados com a bênção da felicidade.

Em setembro de 2010, em visita a Israel, estivemos às margens do Jordão, contemplando emocionado o rio sagrado, tão importante na história do Cristianismo. Ele continua muito belo, com suas águas de um verde claro resplandecente. Mas, segundo informaram no local, já se encontra poluído. Que pena! Um desrespeito à Natureza e às águas que deveriam ser conservadas puras e cristalinas para sempre.

Os monumentos cristãos existentes em Israel e na Cisjordânia (Belém) são muito bem conservados, certamente com vistas, em especial, ao impressionante fluxo de turistas de todo o mundo que para ali se dirigem e às vantagens econômicas daí advindas.

Segundo me informou o guia turístico judeu, apenas cerca de dois e meio por cento dos israelenses professam o Cristianismo.

— Que pena! — eu disse a meu interlocutor, acrescentando: — Quando Israel se converter ao Cristianismo, certamente os conflitos milenares que assolam e perseguem seu povo chegarão ao fim.

Quiçá isso venha a ocorrer.

Com os pés no chão e o coração na eternidade

"Quanto mais sei, mais sei que nada sei" — confessou Thomas Edison seguindo, nesse passo, Sócrates, que afirmara:

"Tudo o que sei é que nada sei."

Com tais assertivas, causaram grande admiração à época, revelando a natureza de gênios e de sábios que ostentavam. Com efeito, todos os grandes homens que já trilharam pelos caminhos deste Planeta mostraram-se humildes. Foi, entretanto, Jesus Cristo, o Salvador, que legou ao mundo o exemplo máximo de humildade, de mansidão, de compreensão e de bondade, especialmente quando pronunciou suas últimas palavras na Terra, ainda hoje tão assolada por injustiças:

"Pai, perdoa-os, porque não sabem o que fazem" (Lucas, 23-14).

Freud, o pai da Psicanálise, ensinou que precisamos amar para não adoecer. Chiara Lubich recomendava que caminhássemos no tempo com o coração projetado na eternidade.

E nós exclamamos, em coro, em especial nas celebrações religiosas:

— O nosso coração está em Deus.

Esses ensinamentos aprofundam a constatação de que não somos seres terrenos passando por uma experiência espiritual, mas sim seres espirituais passando por uma experiência terrena.

A história de Lázaro, revelada na Bíblia Sagrada, indica que, nesta efêmera caminhada terrena, devemos praticar o bem, sob todas as formas, viabilizando, com isso, nossa entrada no paraíso eterno, quando para lá nos chamar o Criador.

Mas, como faremos isso? Exatamente caminhando com os pés no chão, isto é, cumprindo as tarefas que nos cabem realizar e realizando-as com respeito, com humanidade e com o intuito de servir. Com amor, afinal. Porque esse Dom é o elo natural que nos mantém em contato com o Eterno, como apregoou o apóstolo João.

Conta-se que uma floresta de cedros, que circundava certo Mosteiro situado em zona rural, havia sido devastada por um incêndio, transformando em cinzas todas as árvores. O mestre, pessoa muito sábia e de idade avançada, determinou que seus discípulos iniciassem imediatamente o replante das árvores.

— Mas, mestre, esses cedros levam dois mil anos para crescer! — Ponderou um dos discípulos.

— Sendo assim, não há um minuto a perder. Vamos começar imediatamente — decretou o Mestre.

A doação é a face mais importante do amor, porque quem ama compreende que esse sentimento não se completa sem partilha. É a doação-sorriso; a doação-palavra; a doação-resignação; a doação de bens materiais. É como uma fonte de água cristalina, que não completa sua finalidade enquanto suas águas não estiverem cumprindo o fim para o qual foram criadas, isto é, saciar a sede de alguém ou de algo. Então ela se plenifica em produção, beleza e encanto.

Assim, nós, humanos, quando desejamos sinceramente doar, em vez de receber, na raiz desse desejo encontra-se a convicção de que temos abundância de bens e qualidades e, por isso, queremos reparti-las. Nosso subconsciente sabe o que fazer com as crenças que nele estão arraigadas e, assim, cria situações que as reflitam. Portanto, nossa disposição em doar dirige o Universo para que nos doe também. É comum ouvir-se a frase "Deus te dê em dobro" quando doamos alguma coisa.

Mas, com certeza, recebemos muito mais do que o dobro, porque somos agraciados, inclusive, com os pensamentos e sentimentos de amor e de gratidão que nos são dirigidos — consubstanciando-se em felicidade.

A boa comunicação abre caminho para o sucesso

Quem não souber falar para grupos ou para auditórios encontrará mais obstáculos para progredir na carreira que abraçou, ou para relacionar-se socialmente, do que aquele que tiver desenvolvido esse dom. Exemplo dramático se vê no filme *O discurso do rei*, que recebeu 12 indicações para o Oscar no ano de 2011, demonstrando a importância de estarmos preparados para falar em público.

Trata-se do herdeiro do trono da Inglaterra que, mesmo sem ter qualquer defeito físico, não conseguia pronunciar seus discursos. Tinha bloqueios psicológicos desde a infância e esse era o fator do impedimento que quase lhe custou o trono. Somente depois de superada essa limitação pôde ser coroado. Trata-se do Rei George VI.

Para quem pretender pregar em público as mensagens evangélicas será, igualmente, fundamental aprender a falar para grupos.

De fato, se alguém estiver conversando com alguns amigos ou familiares e lhe pedirem para opinar sobre qual seria a programação ideal da televisão brasileira, certamente manifestará sua opinião sobre o assunto. É um tema que todos conhecem e sobre o qual têm opinião formada. Mas, em meio a uma plateia de, por exemplo, 200 pessoas, se convidarem alguém entre os ouvintes para ir ao palco e discorrer sobre aquele mesmo assunto, quantos aceitarão o convite? Certamente poucos ou ninguém.

Por que acontece isso, se o assunto é o mesmo e o conteúdo da fala é semelhante? A resposta parece estar no fato de que falar para grupos ou em público é considerado como desafio. Efetivamente o é. Mas, quando alguém o supera, conseguindo realizar seu intento e deixando o palco sob aplausos, sente-se muito bem, realizado, confiante e com a autoestima elevada.

Existem, entretanto, regras simples que nos ajudarão a vencer essa dificuldade. Em primeiro lugar, conscientizemo-nos de que os grandes arroubos de oratória ficaram para trás, no tempo em que não havia microfones ou meios eletrônicos de amplificação da voz. Então, podemos falar para duas, para mil ou para um milhão de pessoas da mesma forma, com calma, com simplicidade e com espontaneidade.

É importante que o assunto escolhido seja de nosso inteiro domínio. A rigor, deveríamos saber noventa por cento sobre o tema, para falar dez por cento sobre ele. Ou seja, além de dominar a matéria, temos de ter uma reserva de conhecimentos, ainda que não a usemos na palestra, mas que nos dará a tranquilidade de quem domina a situação.

Se o tema nos é estranho, devemos nos preparar cuidadosamente. E após esse preparo, que deve ser feito alguns dias antes da palestra, pensarmos com certa frequência no assunto, quer dizer, naquilo que vamos falar. Além disso, podemos conversar com amigos ou parentes sobre o tema, o que equivalerá a um treinamento.

O assunto escolhido deve empolgar-nos, isto é, devemos estar ansiosos para transmitir aquilo que vamos falar. Aí vem o senso da utilidade. Certa teoria espiritualista afirma que, se tudo o que fizermos, fizermos em prol dos semelhantes, desejando sinceramente seu bem, com amor portanto, nossos atos, aí incluídas as palestras, serão sempre bem sucedidos.

Atentemos também para o fato de que o corpo fala. De modo que, em vez de nos preocuparmos com o que vamos fazer com nossas mãos, com nosso semblante e com nosso corpo, usemo-los para nos ajudar na palestra. Se nos referimos, por exemplo, a algum fato do passado, podemos apontar com as mãos e os braços para trás enquanto falamos e assim por diante. Se falarmos de uma caminhada, nada impede que caminhemos um pouco no palco. Além de ajudar no desenvolvimento do assunto, esses gestos ou atitudes servirão para nos descontrair, funcionando como se fosse um aquecimento.

Não devemos nos preocupar com a impressão que estamos causando ao auditório e, para isso, convém que nos envolvamos com o tema, como antes frisado, que mergulhemos nele. Se estivermos nervosos ou desconfortáveis (um pouco de nervosismo até ajuda, dando mais vida à nossa fala), jamais devemos nos desculpar diante do auditório, porque dificilmente alguém perceberá esse estado emocional, a menos que falemos o que estamos sentindo. Devemos, sim, esquecer de nós mesmos, fixando-nos no tema e no auditório.

Quanto ao público a que nos vamos dirigir, procuremos conhecer suas peculiaridades, gostar dele, vê-lo com bons olhos, querer-lhe bem. Seus integrantes captarão esse sentimento, e passarão a gostar de nós, formando-se a empatia.

No auditório, enxergaremos pessoas que nos aprovam, mas podemos também ver algumas indiferentes ou até desaprovando o que falamos. Nesse caso, fixemo-nos nos olhos daquelas cujas fisionomias demonstrem estarem aprovando nossa fala, em sintonia conosco, portanto. Não numa pessoa só, porque podemos até inibi-la, mas revezando o olhar por diversos ouvintes que nos estão aprovando, abrangendo todo o auditório. Estaremos, assim, aurindo forças em seus olhos. Sempre que o assunto permitir, seria ótimo manter no rosto um leve sorriso, que ajudará bastante, descontraindo-nos e ao público.

Salvo raríssimas exceções, devemos evitar ler nossa palestra. E jamais decorá-la. Se lermos, não dedicaremos a devida atenção ao público e corremos o risco de deixá-lo perder o interesse. Se decorarmos, quando nos esquecermos de qualquer de suas partes, ficaremos confusos, dará um branco de difícil recuperação.

Procuremos, também, conhecer pormenores sobre algumas das pessoas do auditório, inclusive alguns nomes, que mencionaremos no curso da palestra. Isso fará com que todos os ouvintes identifiquem-se conosco, percebendo que somos um deles, e não superiores a eles. Ainda nesse sentido, convém usar o pronome *nós*, ao invés de *eu*, para aumentar nossa sintonia com os ouvintes.

Uma das pessoas cuja conduta de vida mais admiro na capital paulista, de onde vim, é "seu" Geraldo, um engraxate do Largo São Bento. Na cadeira dele sempre havia uma pequena fila esperando para lustrar os sapatos, enquanto que seus colegas engraxates, que faziam ponto próximo dali, quase não tinham clientes.

Certa vez perguntei-lhe qual o segredo de ser tão bem sucedido profissionalmente (tinha casa própria, telefone, um apartamento na cidade e recolhia INSS).

— Todo dia de manhã, antes de sair de casa, rezo pedindo a Deus pelo bem dos clientes que irão sentar-se na minha cadeira de engraxar naquele dia. Gosto deles, quero-lhes bem — Disse ele.

Esse exemplo serve, evidentemente, para quem deseja falar em público. Gostar do auditório, querer-lhe bem, orar por seus componentes são fatores que nos ajudarão a encontrá-los dóceis e receptivos. É claro que "seu" Geraldo trabalhava bem, com carinho e amor, deixando os sapatos brilhantes.

Assim, nós devemos também conhecer bem o assunto que pretendemos transmitir, tema que deve ser importante para nós e para o auditório, prepararmo-nos adequadamente e estar imbuídos do sentido da utilidade, do servir ao próximo. Com esses procedimentos, o sucesso da palestra estará garantido.

Ora et labora

A Catedral de Olinda tem significado especial para os profissionais do Direito, por abrigar em suas dependências a primeira Faculdade de Ciências Jurídicas e Sociais do Brasil. Caminhando por suas adjacências observamos, inscrita numa parede, a frase-título deste artigo. Ora e trabalha, lema religioso que parece lembrar também a vida e obra de Dom Helder Câmara.

Durante a pregação evangélica que assistimos a seguir, o religioso invocou o lendário Cardeal que, desde aquele local, bradava aos quatro ventos sua ira santa contra as injustiças então praticadas pelos que haviam tomado o poder no Brasil. Corriam os anos de chumbo da ditadura que viria a vitimar toda a América Latina.

Essa frase significa também que Deus trabalha conosco e não em nosso lugar. Aquilo que temos o dever e a possibilidade de fazer é obrigação nossa. Nos raros casos em que não podemos mais, o Criador renova nossa esperança, porque sabemos que Ele pode realizar o milagre e certamente o fará se for para o nosso bem. O Novo Testamento registra 871 vezes a palavra pai, e somente três vez a palavra *Abba* (paizinho), um vocativo repleto de ternura, que parece com isso indicar a correlação ideal entre as hipóteses mencionadas.

Em 2007 registravam-se dados estarrecedores sobre as injustiças gritantes que ainda hoje assolam o mundo. Milhões de crianças morrendo de fome. Enquanto isso, os governos e grupos beligerantes despendendo anualmente mais de um trilhão de dólares em gastos militares. No Brasil, a diferença socioeconômica entre as classes ainda é gritante e insustentável, apesar de um pouco amenizada nos anos recentes.

Naquele ano de 2007, a Unicef calculava que diariamente eram espancadas em nosso país 18.000 crianças, a maior parte dentro das próprias casas, configurando a principal *causa mortis* dos jovens entre 5 e 19 anos. E que todo ano aproximadamente 2.100.000 mulheres vinham sofrendo agressões físicas por parte de seus companheiros. O relatório da FAO, referente ao ano de 2010, registra a chocante cifra de cerca de um bilhão de pessoas que ainda passam fome no mundo.

Sintamo-nos conclamados, portanto, a nos engajar nas campanhas que visam a coibir essa tragédia. Devemos criar vínculos de solidariedade e adotar a bandeira de Dom Helder naquela sua ira santa, corajosa e libertadora. É a não-violência ativa, comprometida com a busca da paz por meio da justiça e do direito, a exemplo do que fizeram Ghandi, Luter King, Mandela, Albert Schweitzer, Desmond Tutu, além de Dom Paulo Evaristo Arns, Madre Tereza de Calcutá, Dona Zilda Arns e outros que, com destemor, não cansam de clamar contra injustiças desse jaez, visando a um mundo mais humano.

Entretanto, é na vida de Francisco de Assis que encontramos o exemplo mais claro dessa resistência pacífica, mas ativa, porque conclamou os irmãos a não conservarem posses além das necessárias; alertou humildemente o Papa da época contra os excessos que se verificavam na Igreja; chegou a ficar amigo do líder muçulmano Saladino, no outro lado da linha das Cruzadas. O líder muçulmano impressionou-se profundamente com a humildade, o desapego e a mansidão do Santo, a ponto de cogitar na cessação das hostilidades, o que não se concretizou devido à prevalência de interesses econômicos egoístas do Ocidente de então.

A humanização do mundo

Uma roseira tem espinhos, mas também tem flores. Os otimistas, mesmo não ignorando a existência dos espinhos, fixam-se na deslumbrante beleza das rosas e ficam felizes ao contemplá-las. Percebem até que os espinhos têm sua finalidade, provavelmente a de proteger tanta beleza. Mas o pessimista dará pouca atenção às rosas. Fixará sua atenção nos espinhos. Não somente nos da roseira, mas também em todos os outros *aparentes* espinhos de nosso dia-a-dia, que certamente são mais imaginários do que reais. Destacamos a palavra aparente porque os sábios dizem que as dificuldades existem para nosso crescimento. São, na verdade, oportunidades usando uniforme de trabalho. Ao superá-las, tornamo-nos melhores e mais aptos a enfrentar, com alegria e coragem, os embates normais da vida.

Atoine Saint-Exupèry (1973) alertou para o fato de que só se vê bem com o coração, porque o essencial é invisível aos olhos. Relataremos alguns fatos atuais, vistos sob essa ótica, demonstrando que a reconstrução do ser humano, iniciada com os profetas e impulsionada definitivamente com a vinda de Nosso Senhor Jesus Cristo vai, gradativamente, ganhando força rumo à consolidação de uma sociedade em que impere o amor.

Certa Rede de Supermercados da Capital Federal adotou a prática louvável de iniciar os turnos de trabalho com orações e leituras de textos bíblicos. Seus funcionários somam mais de mil e duzentos. Todos com quem conversamos foram unânimes em elogiar a prática. Dizem que humaniza o local de trabalho, promovendo melhor relacionamento entre os servidores e entre eles e os dirigentes. Na filial do Lago Norte, em Brasília, às 18h, essa prática é aberta aos clientes. Sentem-se confiantes e cooperativos. Segundo a funcionária que coordena esse exercício naquela loja, num desses dias em que tal reunião não pôde ser realizada, clientes reclamaram, sentindo falta.

Em Porto Alegre, na seleção de altos executivos para um importante posto de trabalho, apresentaram-se trinta candidatos. Todos com excelente qualificação profissional. Mas foi escolhido o que trazia este diferencial: em sua vida particular, prestava serviços à comunidade, caritativamente. Entrevistado por uma rede de TV, o diretor que o selecionou explicou que se a pessoa é boa fora da empresa, será boa também dentro dela.

Em Goiânia, uma empresa de porte médio convocou seus empregados para lhes expor determinado problema pelo qual a firma passava e que demandava solução urgente. Em seguida, facultou a palavra a todos. Para surpresa geral, a melhor proposta de solução veio do servidor mais humilde, um contínuo.

Vale aqui relembrar a recomendação do Senhor Jesus, no sentido de que, quando fizéssemos uma festa, convidássemos preferencialmente os pobres, os desvalidos, os pequenos. Esses não poderão retribuir materialmente o convite. Por isso, a retribuição virá em forma de simpatia, alegria, sorrisos, amor. Quem adotar essa prática nos seus relacionamentos diários verá as maravilhas que acontecem.

Há notícias de empresas japonesas em que seus empregados são tratados como efetivamente integrantes dos destinos do empreendimento. Em função disso, eles trabalham ali até se aposentarem e depois o cargo que ocupavam passa para seus filhos. Naturalmente, trata-se de prática que não se insere no capitalismo selvagem. Não se trata de competição, mas sim de cooperação. O resultado pode ser aferido na alta qualidade de seus produtos.

Confirmando o acerto dessas medidas, Padre Marcelo Barros, de Goiás, ensina que nossa aproximação e chegada junto a Deus passam pela atenção que dedicamos a nossos irmãos. Com efeito, o serviço ao próximo é indicado pela unanimidade dos filósofos, de todos os tempos, como sendo a estrada mais curta para a felicidade.

Jesus Cristo deixou-nos o exemplo máximo nesse sentido, afirmando que veio para servir e não para ser servido. Alguns estudiosos da alma ensinam, atualmente, que Deus não é somente o Deus dos milagres, mas sim, principalmente, o Deus do serviço. Observam que Jesus fez alguns milagres durante sua passagem pela Terra e que, mesmo nesses poucos milagres que realizou enquanto peregrino deste Planeta, jamais prescindiu do trabalho de seres humanos para colocá-los em prática.

Efetivamente, esse fato se observa na distribuição do vinho; no afastar a pedra que fechava o túmulo de Lázaro; no lançamento da rede ao Mar da Galileia e em outras ocasiões. Após a ressurreição, o Salvador continua fazendo milagres mas, em geral, com a participação daqueles que recebem tais bênçãos.

Parece que o serviço ao próximo representa, por si só, um milagre, na medida em que previne ou desativa a violência, restaurando tantas vezes a paz entre pessoas e nações. Reconduz o ser humano ao seu caminho natural de amor, felicidade e harmonia.

Já sabemos o caminho.

Teresa de Deus

A beatificação de Madre Teresa representa mais um marco importante para o cristianismo, pois se trata de uma santa dos tempos atuais. Dedicando-se inteiramente aos pobres e desvalidos, fez sua parte para minimizar a tragédia das diferenças sociais gritantes e desumanas que infelicitam o Planeta. O Papa João Paulo II preferiria tê-la canonizado diretamente, mas decidiu ater-se às regras canônicas que recomendam antes a beatificação.

Depois de Francisco de Assis, que recebeu a honra dos altares apenas dois anos após sua breve e comovente passagem pela Terra, a canonização de Madre Teresa é a mais rápida da história: apenas seis anos após sua passagem.

Em 5 de setembro de 1997, quando Teresa foi para a Pátria definitiva, já existiam no mundo quatrocentas casas para assistência de necessitados em cerca de cem países. Vinte mil crianças eram atendidas, quinhentas mil famílias recebiam ajuda e cinquenta mil leprosos podiam viver e trabalhar o mais perto do normal possível. Quatro mil religiosas trabalhavam em benefício dos pobres. Ao todo, eram mais de três milhões de pessoas mobilizadas num verdadeiro exército do bem, para a prática da caridade.

Doando-se por inteiro aos pequenos, desvalidos, abandonados, rejeitados e marginalizados, Teresa viveu as mais nobres qualidades de sua feminilidade. Consumindo-se no amor ao próximo, ela se entregou a Deus. Encarnou, com sua vida, o exemplo de Maria: não estando investida por um ministério, investiu-se pelo amor, pela caridade, que é o dom maior, o maior carisma que vem do céu, como declarou Chiara Lubich.

Mestre excelsa na arte de amar, ela tomava a iniciativa de ir ao encontro dos mais pobres, sem perguntar se era católico, hindu ou muçulmano. Teresa se fez pobre com os pobres; fazia-se "um com todos", não aceitando nada que seus pequeninos também não pudessem ter. Nunca perdeu tempo em contestar seus inimigos. E, por incrível que pareça, os tinha! Talvez pela notoriedade que alcançou, recebendo o Prêmio Nobel da Paz, cujo produto financeiro utilizou para socorrer e sustentar os necessitados. Seu ideal era ser "a mais pobre entre os pobres". Viveu profundamente o ensinamento do Mestre Jesus: "Tudo o que fizerdes a um destes pequeninos, a mim o fazeis".

Além de ser exemplo vivo de amor, Madre Teresa legou também ao mundo profundos ensinamentos, como demonstram estas reflexões: "Antes de falar, é necessário que você ouça, pois Deus fala no silêncio do coração; Nós não podemos fazer grandes coisas, apenas pequenas com grande amor; O mundo não tem fome apenas de pão, mas tem fome de amor, de ser querido, de ser amado; Se realmente queremos amar, devemos aprender a perdoar; Se oramos, acreditamos. Se acreditamos, amamos. Se amamos, serviremos; Se você é humilde, nada lhe atingirá, nem louvor nem desgraça, porque você sabe quem você é".

Quanta semelhança entre Teresa e Francisco, facho de luz fulgurante que também iluminou de amor e paz a humanidade! O Santo da natureza não suportava, igualmente, ver alguém mais pobre que ele. Inesquecível, universal (todas as religiões o admiram), na sua curta passagem por este mundo que ainda tem tanto a aprender e evoluir, também deixou pegadas de ternura que se eternizarão no tempo. Foi eleito o homem do milênio.

Teresa e Francisco. Mais de 800 anos separam suas passagens pela Terra. Mas ambos mergulharam suas vidas nas negras e dilacerantes feridas do egoísmo, que fazem o mundo dos bons e compassivos sangrar de dor!

Esses dois santos dos pobres e desvalidos deixaram a clara impressão de terem vivido num mesmo tempo, o tempo eterno do amor.

Servir ao próximo embeleza o corpo e a alma

Serviço = ser viço. Repare: quem serve ao próximo torna-se viçoso, bonito, sorridente, feliz. A alegria, que é própria de todos nós, mas que precisa ser despertada, também se manifesta com o serviço ao próximo.

Quando trabalhava em São Paulo, na função de advogado do Banco do Brasil, observei certo dia uma cena que veio a comprovar o que se falou sobre o quanto o servir ao próximo faz bem ao ser humano, tanto a quem serve quanto a quem é servido. Numa ocasião em que visitava a sala dos aposentados da empresa, verifiquei que muitos dos colegas imprimiam seus extratos de conta nas máquinas, reclamando em seguida que o dinheiro era pouco. Estavam descontentes. Lembrei-me até, sorrindo, que naquela época a folha mensal de pagamento dos salários era chamado jocosamente de "cebolinha", porque quando os funcionários a recebiam, começavam a reclamar.

Observei, entretanto, que em meio àqueles que reclamavam ou se mostravam taciturnos, descontentes, havia um colega que demonstrava exuberante vivacidade e alegria. Sua felicidade era tão evidente que, ao sorrir, chegava a mostrar os dentes. Como sempre gostei da arte de relações humanas, dirigi-me a ele e perguntei se poderia me dizer qual a fórmula para viver tão alegre, tão realizado. A resposta foi pronta

— Na qualidade de aposentado, resolvi dedicar todas as minhas energias à prestação de serviço ao próximo. Sou realmente feliz.

Por feliz coincidência, enquanto revisava estes textos chegou-me às mãos a correspondência que passo a transcrever.

> Amigos queridos. Gostaria de compartilhar com todos vocês que me são especiais, a bela experiência que tive a feliz oportunidade de vivenciar neste mês de janeiro.
>
> Provavelmente não sabem que eu sou da MSF (médicos sem fronteiras), e com a catástrofe na serra fluminense fui convocada para minha primeira missão. Não imaginam a dimensão desta tragédia; pela TV parece pequena. Quando estamos diante da realidade, ao vivo, a dimensão é estratosférica!
>
> Estive por lá durante 15 dias, trabalhando 14/15 horas por dia, mas posso garantir-lhes que foi o momento mais feliz da minha vida. Servir ao semelhante é uma experiência indescritível pela qual todos deveriam passar.
>
> É certo que desde o segundo grau faço serviço voluntário, inclusive há alguns anos que a minhas manhãs das sextas-feiras são dedicadas ao atendimento voluntário aos pacientes oncológicos do SUS. Entretanto, nenhuma experiência foi tão gratificante como esta, talvez devido à dimensão e profundidade do sofrimento. Eu, que sempre busquei descobrir qual é a minha missão aqui na terra, no meio de todo aquele trabalho senti que realmente nasci para isso.

> Amigos, o que quero com este depoimento, além de compartilhar este meu feliz momento, é dizer-lhes que, se algum dia quiserem a plenitude, doem-se, pois na realidade somos os maiores beneficiados.
>
> Adoro vocês. Grandes beijos. Bom dia, boa tarde, boa noite, bom final de semana que já se aproxima.
>
> Dra. Sandra M. P. Lima

O Mestre Jesus, que serviu intensamente a todos que com ele conviveram durante suas peregrinações pela Terra Santa, deixou o exemplo máximo nesse aspecto. Em suas pregações enfatizou a necessidade do serviço aos irmãos. O servir também resulta, obviamente, em amor ao próximo.

Cristo continua servindo e amando a todos nós, a partir do Paraíso Celeste.

Jerusalém, pintura do séc. 19, autor desconhecido. The Israel Museum.

CAPÍTULO III

PERDÃO, AMOR E COMPAIXÃO – OS CAMINHOS DA PAZ

Lágrimas de compaixão

Aproximava-se o tempo festivo da Páscoa, mas antes viria a maior prova de amor, a cruz. “Conforme seu costume, Jesus... dirigiu-se ao Monte das Oliveiras, seguido de seus discípulos... Depois se afastou deles... como sempre fazia e, ajoelhando-se, orava” (Lucas, 22,39). Seguindo o exemplo do Salvador, deixemos um pouco de lado a correria do dia a dia, acalmando o torvelinho dos pensamentos, para fazer um exame de consciência mais detido.

E assim, serenos, enfrentemos nossa *sarça ardente* — como fez Moisés — as vacilações, as dúvidas, os paradoxos e o medo daí resultante. Encaremos, de frente, as feridas psicológicas, emocionais e espirituais que fustigam e afligem nosso Eu Sagrado. Quando transcendemos esses males, reencontramos o caminho do amor, que é nossa vocação natural.

Robert DeGrandis (2003) constatou que a falta de perdão, a si mesmo e ao próximo, é a causa de aproximadamente 90% dos problemas do mundo. Ele relata o comovente acontecimento que transcrevemos a seguir, o qual bem demonstra esse fato:

Num determinado dia do mês de junho de 1972, o mundo viu a imagem de uma cena que, de tão brutal, viria a ficar gravada para sempre no subconsciente da humanidade. A garotinha Phan Thi Kim Phuc, de apenas nove anos, corria gritando, com as roupas incineradas pelo napalm lançado por um avião dos Estados Unidos sobre o vilarejo de Trang Bang, no Vietnã.

Pesadelo maior remanesceu na mente do soldado John Plummer, que comandou o ataque. Ele passou a ver, num relâmpago, em branco e preto, a cena em que crianças gritavam. Segundo afirmou, no momento do ataque, sua atitude não representava nada mais do que outra investida contra uma multidão daqueles que ele considerava inimigos sem rosto. Entretanto, ele viu na imprensa a foto da garotinha e, desde então, durante décadas teve de lutar com sua consciência. Passou a beber muito, divorciou-se, perdeu a paz. Até que começou a procurar Deus. Tornou-se religioso. A essa altura, uma voz interior passou a sugerir-lhe que não encontraria paz enquanto não conversasse com a menina que, por esse tempo, já seria adulta caso ainda estivesse viva.

Foi então que viu no jornal o convite para assistir a uma palestra que ocorreria junto ao monumento de granito negro existente em Washington, o qual exibe o nome dos cinquenta e dois mil jovens soldados norte-americanos que tombaram naquela guerra. Emocionou-se muito quanto soube que era ela, Kim. E iria falar. Esperou ansioso o dia e, no meio da multidão, ouviu-a afirmar:

— Se eu pudesse conversar face a face com o piloto que despejou as bombas, lhe diria que não podemos mudar a história, mas que deveremos nos esforçar para fazer coisas boas, no presente e no futuro, a fim de promover a paz.

> Enquanto ouvia, comovido, seu peito arfava de emoção. Parecia que ela lhe estivesse falando diretamente. Encorajou-se, rabiscou um bilhete e pediu a um policial que o entregasse. Dizia simplesmente:
>
> — Kim, sou eu.
>
> Segundos depois, enquanto ela lia seu recado, ele não se conteve. Arremeteu-se entre a multidão, aproveitando a chance fugaz de abraçá-la, olhar profundamente em seus olhos e ali encontrar, finalmente, o fim dos pesadelos.

Ofensor e ofendida precisavam desesperadamente de perdão. No longo abraço de lágrimas e compaixão que se seguiu, não estavam sozinhos. Certamente Cristo os abraçava também, porque cumpriam o mandamento maior. Viviam, profundamente, durante aquele ato, as promessas do Mestre, que veio para absolver nossas culpas e reconduzir-nos à vocação natural de viver no amor.

Adeus ao ressentimento

No livro *A cura do ressentimento*, Pe. Léo (2004) esclarece que o termo já define bem esse sentimento pernicioso: re-sentir, sentir mais de uma vez. A cada vez que evocamos o fato que motivou a mágoa somos novamente fustigados pelo sofrimento, que parece não ter fim. Após detida análise, o escritor termina por sugerir uma chave eficiente para dissipar esse mal. Reconhece que nem sempre é fácil perdoarmos prontamente, face à proximidade dos fatos e ao impacto que nos causou.

Nessas circunstâncias, podemos recorrer ao exemplo deixado pelo Mestre Eterno quando, do alto da cruz, suplicou: "Pai, perdoai-os, porque não sabem o que fazem." Parece que a sabedoria popular já captou esse sentido, traduzindo-o na frase *já entreguei para Deus*.

Um exemplo prático e comovente de perdão, veiculado pela Internet, refere-se aos tenores Plácido Domingo e José Carreras que, juntamente com Luciano Pavarotti, emocionaram o mundo cantando juntos. Acontece que, na Espanha, a região da Catalunha luta por sua autonomia, num país dominado por Madri. Domingo é madrilenho e Carreras, catalão. Consta que, em decorrência das referidas questões políticas, eles tornaram-se inimigos. Sempre muito solicitados em todas as partes do mundo, ambos faziam constar em seus contratos que só se apresentariam em determinado espetáculo se o adversário fosse evitado.

Em 1987, porém, surgiu para Carreras um inimigo mais implacável que o seu rival. Foi surpreendido com o diagnóstico de leucemia. Sua luta contra o câncer foi sofrida. Submeteu-se a numerosos tratamentos, inclusive autotransplante de medula óssea e substituição de sangue. Isso o obrigava a viajar uma vez por semana para os Estados Unidos e, nessas condições, não podia trabalhar. Apesar de ser dono de uma fortuna razoável, os altos custos das viagens e do tratamento acabaram por debilitar suas finanças.

Quando não tinha mais condições financeiras, Carreras soube da existência de uma Fundação em Madri, cuja finalidade única era apoiar o tratamento de leucêmicos. E graças ao apoio da Fundação, chamada *Hermoza*, ele venceu a doença e voltou a cantar. Passou a receber novamente os altos cachês que merecia e tratou de associar-se àquela Fundação.

Entretanto, ao ler os respectivos estatutos, descobriu que o fundador, maior colaborador e presidente da *Hermoza* era Plácido Domingo. Logo deduziu que Domingo havia criado a entidade, em princípio, para atendê-lo e que se havia mantido no anonimato para não humilhá-lo ao aceitar auxílio do inimigo.

Foi comovente o primeiro encontro dos dois tenores após esse fato. Surpreendendo Domingo em uma de suas apresentações em Madri, Carreras interrompeu o evento e, humildemente, ajoelhando-se a seus pés, pediu perdão e lhe agradeceu publicamente. Domingo o ajudou a levantar-se e com um forte abraço selaram o início de uma grande amizade.

Entrevistado por um jornalista, o qual lhe perguntou qual o motivo de ter criado a Fundação *Hermoza* em um momento em que, além de beneficiar seu inimigo, havia ajudado o único artista que podia fazer-lhe concorrência, sua resposta foi curta e definitiva:

— Porque não se pode perder uma voz como essa.

O perdão é uma das infinitas faces do amor.

Coração em flor

Existem antigos relatos afirmando que, em certa aldeia, o povo era extremamente religioso e todos viviam com grande ardor sua fé cristã. Os costumes familiares eram mantidos com rigor, tal como haviam sido herdados dos antepassados. Procedente de outra comunidade, um jovem estudante passou a negar algumas verdades fundamentais pregadas pela religião. Dentre as negações, constava a do amor misericordioso de Deus. Por isso, o povo via o contestador como um herege sem coração.

Quando criança, ele tivera sérios problemas de relacionamento com os próprios pais. Isso lhe dificultava, agora, crer e confiar na bondade de Deus. Rejeitado por seus concidadãos, o jovem tornava-se, cada vez mais, uma pessoa conflitiva. Seus conflitos aumentavam à medida em que sofria rejeição. Citado perante o juiz da localidade, o contestador resistiu à ordem de retratar-se publicamente. E, assim, as discussões tomaram conta de toda a população. O que, inicialmente, parecia pequena chama, tornou-se um incêndio incontrolável.

Sob pretexto de preservar a integridade da fé em toda a aldeia, o juiz decidiu condenar o jovem à morte. Ele pereceria por enforcamento público. A sentença caiu como uma bomba sobre a família do réu. Desesperado, o pai do jovem buscou reconciliação com o filho, a fim de movê-lo ao arrependimento. Porém, em vão. O jovem resistia a toda tentativa de levá-lo à conversão. Na hora da execução, o Pároco da aldeia tentou, com um último esforço, trazer a ovelha desgarrada de volta ao rebanho. Inútil! Fechado em si mesmo, agressivo e impenitente, o condenado subiu ao patíbulo. Sua morte chocou profundamente os habitantes daquele povoado.

Após a execução, o juiz foi o único a retornar satisfeito para casa. Parecia-lhe ter cumprido seu dever, libertando a população do perigo de ser confundida em sua fé na misericórdia divina. Entretanto, ao chegar à frente de sua casa, subindo as escadarias, tropeçou e caiu. Bateu com a cabeça na quina de um degrau e o golpe foi fatal. Levado às pressas ao hospital, não resistiu e faleceu.

Agora, réu e juiz compareciam simultaneamente diante do Tribunal Divino. Ao se verem de novo frente a frente, ambos voltaram a discutir. O Juiz Eterno ordenou, então, a um Anjo, que vislumbrasse o tórax dos dois recém-chegados. E, para surpresa de a toda corte celeste, no peito do juiz não havia coração; no peito do jovem condenado, sim. Porém, era um coração atrofiado, ressequido pela falta de amor e de compreensão. O Senhor entregou-o aos cuidados de sua Mãe, para que fizesse rejuvenescer aquele coração desnutrido.

Anjos e Santos assistiram então, maravilhados, ao desabrochar daquele pobre coração. Era como se uma rosa vermelha abrisse sua corola perfumada aos raios do sol.

E, no céu, todos se lembraram da palavra, escrita pelo Discípulo Amado de Jesus: “Quem não ama o seu irmão, a quem vê, não poderá amar a Deus, a quem não vê” (1 João 4,20).

(Adaptação de artigo que nos foi encaminhado pelo Pe. Ottomar Schneider, diretor do Movimento Apostólico de Schoensttat).

Com um olhar Ele abraçou o mundo

Jesus já sabia que antes que o galo cantasse, Pedro o negaria por três vezes, em meio ao ambiente de tumulto e dor que os esperava. Acenara-lhe com esse fato (Lucas 22,31), que o Apóstolo, comovido, havia rechaçado enfaticamente, afirmando:

— "Senhor, estou pronto para ir contigo tanto para a prisão como para a morte" (Lucas 22,33).

A partir daí, os acontecimentos se precipitaram em grande velocidade, culminando com a prisão do Mestre. Em meio à confusão e ao medo gerados pela nova e dramática realidade, Pedro efetivamente o negou por três vezes. Mas foi somente quando o galo cantou que se lembrou do que lhe dissera Jesus. Então, chorou amargamente (Lucas 22,62) e, ato contínuo, viu que Jesus ia sendo levado preso. Voltando-se, o Senhor olhou para Pedro (Lucas, 22,61). Nesse momento, os olhares do Mestre e do discípulo se cruzaram demoradamente. E que olhar, o de Jesus!

Um olhar de profundo amor e compaixão, que parecia afirmar:

— Pedro, eu te amo muito. Estou movido de profunda compaixão por ti. Mas não foi possível evitar que passasses por esse sofrimento. Porque esse mesmo medo e essa mesma covardia que te vitimaram, acometerão a muitos no correr dos tempos. E muitos verão em ti o exemplo, compreendendo que, apesar de tudo, as portas do paraíso não se fecharam para eles.

Certamente, Pedro, a partir daí, passou a amar mais profunda e intimamente a Jesus. Vertia lágrimas que, segundo a lenda, chegaram a formar sulcos em suas faces. Não se tratava apenas de lágrimas de arrependimento, mas também de alegria, por saber-se perdoado e vinculado, já agora num caminho sem volta, ao Salvador.

Continuou dedicando a vida à pregação e, no fim de sua peregrinação, quando ia ser crucificado, pediu a seus algozes que o colocassem de cabeça para baixo (a estátua hoje existente em Roma, retrata essa circunstância). Tais fatos, dramáticos, confirmam mais uma vez a palavra do Mestre, no sentido de que a quem mais se perdoa, mais ama.

Assim, sejam quais forem as fraquezas que nos tenham acometido, e quaisquer que tenham sido suas consequências, jamais percamos a esperança. Pode ser até que, com elas, o Salvador nos tenha utilizado como seus instrumentos de propagação dos ensinamentos de compaixão, amor e paz, como fez com Pedro, que se transformou na pedra sobre a qual se edificaria a Igreja.

Resta-nos a certeza de que aquele olhar, de profunda compaixão, continua envolvendo o mundo e acalentando os corações de quantos acreditamos no Senhor Jesus, único caminho que leva à eternidade feliz.

Guardei a fé

O apóstolo Paulo, após ensinar que a raiz de todos os males é o egoísmo (I Timóteo, 6-10,12), conclama os cristãos a empreender o bom combate da fé. Vemos, por outro lado, que Pedro, quando caminhava sobre as águas a chamado de Jesus, duvidou, começando por isso a afundar. Readquirindo, porém, a fé, suplicou ao Mestre que o socorresse e foi, efetivamente, salvo. Essas verdades nos levam a perscrutar nossa alma e constatar que, quando vacilamos na fé, ficamos igualmente vulneráveis a faltas e pecados, que parecem querer nos levar ao fundo. Mas será que, ainda assim, somos dignos de cumprir a recomendação de Jesus no sentido de ir e pregar o Evangelho?

A Sagrada Escritura relata que o Rei Davi, de cuja linhagem proveio o Salvador, cometeu grave pecado. Mas, uma vez profundamente arrependido e convertido, não se cansava de proclamar a bondade de Deus, merecedor de todas as glórias e hinos de louvor. Convidou-nos, em seu êxtase, a também louvar e propagar a infinita misericórdia do Pai, cantando um cântico novo.

Saulo, que perseguia cristãos, foi atirado ao chão na estrada de Damasco, ficando temporariamente cego, até que se convertesse. Já agora com o nome de Paulo, homem de fé inabalável, escreveu as mais ricas Epístolas, legando à humanidade valiosíssimas lições de vida, inclusive para esposos, pais e filhos. Culminou com aquela comovente exclamação: Guardei a fé" (II Timóteo 4,7). Alcançou, então, a vitória final, declarando, maravilhado: ..."Já não sou eu quem vive, mas sim Cristo que vive em mim!" (Gálatas 2,20).

Parece que a conversão, o arrependimento, a confissão da culpa e o consequente perdão, promovem a purificação da alma, produzindo a consciência de que, não obstante tenhamos, com nossa conduta pecaminosa, ofendido a Deus, Ele, em sua infinita misericórdia, nos perdoou. Constatação essa que nos impregna de profunda gratidão e carinho para com o Paizinho do Céu (*Abba* Pai!), concitando-nos a não mais pecar, porque quem ama não quer, de forma alguma, causar sofrimento ao ser amado.

Impregnados, portanto, de profunda gratidão, amor e reverência para com o Pai Eterno, sintamo-nos, sim, dignos de exercer a missão de apóstolos (pregadores) que Jesus nos confiou, e até mesmo transformou numa ordem, a de ir e pregar o Evangelho. E que, quando a luz do sol se apagar para nós neste mundo e estivermos entrando numa luz infinitamente mais intensa e aconchegante possamos, também nós, afirmar, entusiasmados, ao Rei dos Reis:

— Sim, querido Mestre, eu também guardei a fé.

Um olhar de bondade

A malhação de Judas constituía-se — décadas atrás — num triste espetáculo, que se repetia a cada Semana Santa. Bonecos, representando o traidor, eram espancados e estraçalhados. Os "vingadores", em geral crianças, faziam isso instigados por adultos, ou sob o olhar complacente destes. Quando pequeno, cheguei a presenciar, impressionado, essa prática odiosa que hoje, felizmente, tende a ser definitivamente abolida. A história de Judas Iscariotes ainda impressiona muito. Entretanto, analisando-a sob o ângulo de uma espiritualidade mais ampla, um fato passou a intrigar-me. Se Judas fazia parte do plano de salvação, como poderia ter sido destinado à condenação eterna?

Atualmente, um sem-número de cristãos passou a fazer-se esse mesmo questionamento. Jesus Cristo, Homem-Deus, evidentemente poderia ter evitado o sofrimento atroz do calvário, mas não quis fazê-lo, para que se cumprisse o plano do Pai. Pedro chegou a insurgir-se contra os que ameaçavam seu Mestre, mas Jesus o repreendeu severamente. Tinha de passar pelo sofrimento extremo da Cruz, pressuposto para a ressurreição. Só assim seriam reabertas as portas do Paraíso para a humanidade.

Conta-se que, ao conceber o quadro representando a Santa Ceia, Leonardo da Vinci deparou-se com uma grande dificuldade. Precisava pintar o bem, na imagem de Jesus, e o mal, na figura de Judas. Então, interrompeu o trabalho no meio, até que conseguisse encontrar os modelos ideais. Certo dia, enquanto assistia à apresentação de um coral, viu, em um dos rapazes, a imagem perfeita de Cristo. Convidou-o para seu ateliê e reproduziu seus traços em estudos e esboços.

Passaram-se três anos...

A tela estava quase pronta, mas Da Vinci ainda não havia encontrado o modelo ideal de Judas. O superior responsável pela igreja começou a pressioná-lo, exigindo que terminasse logo o mural. Depois de muitos dias procurando, o pintor finalmente encontrou um jovem prematuramente envelhecido, bêbado, esfarrapado, atirado na sarjeta. Imediatamente pediu a seus assistentes que o levassem até a igreja.

Da Vinci copiava as linhas da impiedade, do pecado e do egoísmo, tão bem delineadas na face do mendigo que mal conseguia parar em pé. Quando terminou, o jovem, já um pouco refeito da bebedeira, abriu os olhos e notou a pintura à sua frente. Disse, então, numa mistura de espanto e tristeza:

— Eu já vi esse quadro antes.

— Quando? — Perguntou, surpreso, Leonardo.

— Três anos atrás, antes de perder tudo o que tinha, eu cantava num coro, tinha uma vida cheia de sonhos e o artista me convidou para posar como modelo para a face de Jesus.

Tal história, quer se trate de lenda ou de realidade, certamente ajuda a decifrar o aparente enigma daquele personagem bíblico, visto ainda por muitos como a síntese do mal. Quem assistiu ao filme *Paixão de Cristo*, de Mel Gibson, pôde perceber o arrependimento que se apoderou de Judas, após ter denunciado seu líder. Movido por incontido desespero, chegou a atirar as trinta moedas aos fariseus, em devolução.

No livro *Com a graça de Deus*, que recebeu apresentação entusiástica de Dom Timóteo Amoroso Anastácio, OSB, Fernando Sabino, referindo-se a Judas Iscariotes, afirma lembrar-se de ter ouvido dizer que Jesus, numa de suas aparições a Santa Catarina de Cena, teria esclarecido o enigma ao afirmar:

— Não digo o que fiz de Judas Iscariotes, para que não abusem de minha misericórdia.

Pressuposições semelhantes vieram a ser enfocadas em pesquisa divulgada pela Fundação National Gheografic (2005) no estudo denominado *O evangelho de Judas*.

Tudo o que o Pai Eterno criou é bom. Admitir-se o contrário levaria ao absurdo de que em Deus existe também o mal. O uso que fazemos das coisas criadas, dentro do livre arbítrio, esse sim, pode ser bom ou mau. Na verdade, o bem e o mal estão dentro de cada um de nós. Prevalecerá aquele que alimentarmos.

Entretanto, trilhando os caminhos do bem, agindo constantemente com amor, procuramos imitar o Mestre Jesus o qual, muito além de ter amor, é o próprio amor. O Livro dos Livros não cansa de pregar o perdão, o amor, a compaixão e a infinita misericórdia com que Deus vê seus filhos. Foi nessa misericórdia sem fim que, certamente, o discípulo Judas Iscariotes encontrou abrigo e descanso eterno.

Pai, quanto vale seu tempo?

Para o mundo, talvez sejamos apenas alguém. Mas, para alguém, podemos ser o mundo. Encontramos no Novo Testamento 871 vezes a palavra *pai* e 445 vezes o termo *filho* (www.bibliaonline.com.br). Dados que revelam, por si só, a ligação extremamente amorosa existente entre Deus-Pai e Jesus Cristo, o Salvador. Nós, pais e filhos terrenos, que pretendemos ser imitadores de Cristo, deveríamos primar também por esse desvelo. Mas, nem sempre o fazemos, como demonstra o exemplo relatado a seguir:

Conta-se que um menino, com voz tímida e olhar de admiração, perguntou ao pai, quando este retornara do trabalho:

— Papai! Quanto o senhor ganha por hora?

O pai, num gesto severo, responde:

— Escuta aqui, meu filho! Isto nem tua mãe sabe. Não amole! Estou cansado.

Mas o filho insiste:

— Papai, por favor... diga quanto o senhor ganha por hora.

A reação do pai, já então um pouco comovido pela meiguice do garoto, foi menos severa, e respondeu:

— Três reais por hora.

— Então, papai, o senhor pode me emprestar um real?

O pai encheu-se de raiva com o que entendia ser ousadia do filho. Tratando-o com intolerância, respondeu:

— Então, esta era a razão de querer saber quanto eu ganho? Vá dormir e não me amole mais. Estou cansado.

Porém depois, já mais calmo, lembrou-se das Sagradas Escrituras, onde se lê:

"Quem dentre vós dará uma pedra a seu filho, se este lhe pedir pão?" (Mateus 7,9).

A noite já ia avançada e o pai não conseguia deixar de pensar no que havia acontecido. Sentiu-se culpado. Talvez, quem sabe, o filho precisasse comprar algo. Querendo amenizar sua consciência intranquila, foi até o quarto do menino e, em voz baixa, perguntou:

— Filho... está dormindo?

— Não, papai — respondeu, sonolento, o garoto.

— Olha, aqui está o dinheiro que me pediu.

— Muito obrigado, papai — disse o filho, levantando-se e retirando dois reais de uma caixinha que estava sob a cama. Agora já completei! Tenho três reais! O senhor poderia me vender uma hora de seu tempo?

Nesse exemplo comovente, o filho ainda se permitiu a iniciativa do diálogo com o pai, o que nem sempre acontece. Muitos sofrem essa carência em dolorido silêncio.

A lei fundamental do Universo

O amor, que em toda a existência e em todas as obras de Deus é a grande lei fundamental do Universo, foi para Nosso Senhor Jesus Cristo a norma básica de toda sua vida, como revelam os ensinamentos do apóstolo João:

"Amai-vos uns aos outros!" (João 13,34).

"Que vos ameis uns aos outros, assim como eu vos amei." (João 13,34).

"Bem-aventurados os misericordiosos, porque alcançarão misericórdia" — disse também o Salvador no Sermão da Montanha, conclamando-nos a ser compassivos como nosso Pai Eterno o é. Deus faz tudo com amor, por amor e para o amor. Criou-nos por amor e, por amor, também nos enviou seu filho; e, ainda por amor, nos envia o Espírito Santo.

A recomendação do Divino Mestre no sentido de que devemos amar o próximo como a nós mesmos significa também que devemos nos valorizar, parar de nos depreciar. Essas depreciações acontecem toda vez que pensamos mal de nós, que nos impingimos defeitos injustamente, atentando contra a autoestima e a autoconfiança das quais necessitamos para caminhar felizes.

Não se trata de ignorar a realidade, mas sim de, tendo feito o melhor que pudemos para agir com correção, se ainda assim falhamos, procuremos reparar a falta e obter o perdão. E também sermos bons para com nós mesmos, perdoando-nos. Porque o Pai eterno e cheio de misericórdia quer-nos alegres e em comunhão com Ele, que é felicidade e amor.

Nossa principal missão neste Mundo é, portanto, disseminar a ideia do amor. Por isso que, sem amor no coração, nos sentimos perdidos, mas com o coração repleto de amor nos sentimos salvos, vivenciando as alegrias do paraíso.

Uma história de amor e liberdade

Quando o anjo enviado por Deus anunciou a Maria que ela proximamente se tornaria mãe, a Virgem perguntou:

— Como se farão essas coisas, se não conheço homem?

Legou ao mundo, com essa atitude, uma grande lição de liberdade. Efetivamente, quem, a não ser uma pessoa agraciada com tamanha santidade, sequer imaginaria questionar, ainda que inocentemente, uma ordem divina, ordem revestida, além do mais, de tamanha honra e nobreza?

Após a resposta, sobreveio a demonstração de obediência incondicional ao Pai:

— Faça-se em mim segundo a sua vontade.

Com seu ato de liberdade e fé, a Mãe de Jesus traçou uma diretriz para toda a humanidade: o filho de Deus é livre.

Mas livre para quê? A resposta parece também ser clara: Para cumprir a vontade de Deus.

Na oração que o próprio Cristo nos ensinou, dizemos diariamente:

— Seja feita a vossa vontade...

Será que já entendemos em profundidade, com o coração e não somente com a razão, o significado dessa afirmativa? E tendo-o feito, aprendemos a descansar em Deus, a usufruir de um “relax” mental e espiritual que seria a consequência natural desse acreditar? Parece que ainda não.

São Paulo exorta os cristãos a se deixarem conduzir pelo Espírito Santo, cujo fruto é caridade, alegria, paz, paciência, afabilidade, bondade, fidelidade, brandura, temperança (Gálatas, 5-16 e 22), frutos derivados do amor.

O Apóstolo recomenda ainda para não contristarmos o Espírito Santo, com o qual Deus nos marcou com um selo para o dia da libertação:

— “Toda amargura, irritação, cólera, gritaria, injúria, tudo isso deve desaparecer do meio de vós. Sede bons uns para com os outros” (Efésios 4,30-5,2).

Além disso, sendo Deus amor, parece evidente que esse sentimento é o elo natural entre o ser humano e seu Criador. Assim, a resposta livre da Mãe celeste, em seu *magnificat*, deve conduzir-nos a uma resposta igualmente livre e amorosa ao Pai Eterno:

— Seja feita a vossa vontade.

A melhor forma de enxergar o mundo: comPaixão

Em primorosa exposição sobre compaixão, Madre Teresa de Calcutá afirmou que Deus e a compaixão são um só. Ter compaixão é tentar entender e participar do sofrimento alheio; é a alegria de repartir; é fazer pequenas coisas por amor ao outro — apenas sorrir ou carregar um balde de água, por exemplo; é ser gentil de alguma forma. Desses pequenos gestos é feita a compaixão.

O orgulho, o egoísmo e a frieza nos impedem de ter compaixão. Quando, afinal, formos para casa, para Deus, seremos julgados pelo bem que fizemos e, especialmente, pelo amor que colocamos em cada um de nossos atos. O que importa não é quanto damos, mas a quantidade de amor que colocamos no que fazemos, o amor que dedicamos aos nossos irmãos e a nós mesmos — respeitando, dessa forma, os outros e a nós próprios. Isso é compaixão em atos concretos.

— A religião de uma pessoa não define, por si só, o seu potencial de compaixão. Mais importante do que a religião é o nosso amor por Deus —, afirmou Madre Teresa e aduziu:

Cristãos e não-cristãos se unem para ajudar, tanto em nossa casa de Calcutá como em outras casas espalhadas pelo mundo. Temos voluntários de todas as religiões trabalhando dia e noite. Uma religião é verdadeira quando ajuda a nos aproximar de Deus, não a nos afastar. Tudo o que Deus quer é o nosso amor, e a maneira de demonstrar o amor que sentimos por Ele é servindo aos outros.

Precisamos de muita oração para ser capazes de dar o máximo de nós mesmos. A impressão que se tem ao olhar o mundo é que quanto mais as pessoas têm menos dão. Aqueles que possuem menos repartem o pouco que têm com muito mais generosidade.

Há uma grande necessidade de comida, roupas, remédios, amor e carinho. Essa é a maior carência. Temos casas para doentes em estado terminal, leprosos, crianças, para o mais pobre dos pobres. E abrimos, nos Estados Unidos, uma casa para pessoas com AIDS. O fruto do amor é o serviço, que é a compaixão em ação.

A compaixão não depende de religião. Fomos todos criados com um único objetivo: amar e ser amados.

Madre Teresa é uma heroína da não-violência, do desprendimento e principalmente da dedicação total ao próximo. Agraciada com o prêmio Nobel da Paz, fez questão de empregar em suas obras humanitárias o produto financeiro dessa conquista, como já afirmamos. E não poderia ser de forma diferente, pois sua própria vida ela dedicou aos irmãos pobres e desvalidos.

Um lugar onde só existe amor

Por meio da bondade e da misericórdia infinita de Deus, foi-nos enviado seu filho único e querido, o Salvador. Veio como homem e como Deus ("quem me vê, vê o Pai" João 14,6). Concebido pelo poder do Espírito Santo, na condição de homem passou também pelas vicissitudes que assolam os peregrinos deste mundo — e com muito mais sofrimento, que culminou com o sacrifício extremo da Cruz.

Imperfeições e injustiças ainda hoje, obviamente, assolam o mundo, na proporção direta do egoísmo: trata-se do anti-amor que infelicita grande parte do Planeta.

Entretanto, a lembrança de Jesus-menino — especialmente nas épocas de Natal — nos faz refletir sobre a maravilha que são as crianças, como anjos que encantam a Terra. Parece que Deus quer se comunicar conosco por meio delas, para que aprendamos a ser amorosos, espontâneos, simples, alegres, confiantes no Pai, como elas são, dons que lhes propiciam viver em profunda paz.

Quando chegamos a este mundo, não trazíamos nada conosco, nem mesmo a roupa que nos cobre. Nascemos nus. Mas trazíamos o mais importante: o amor, somente o amor. Então, éramos inteiramente felizes. Sorríamos facilmente, até mesmo dormindo. Nossos olhos brilhavam de inocência, demonstrando a bondade e a paz que reinavam em nossos corações.

Mas fomos crescendo e, de uma forma ou de outra, nos envolvendo em complicações, especialmente no domínio das emoções. Porque Jesus nos ensinou o amor, mas muitas circunstâncias do mundo querem nos incutir o egoísmo.

Qual é então nossa maior missão nesta vida? É o retorno àquela condição de criancinhas que entrarão no Reino, conforme nos mostrou o Mestre Supremo. Já estamos no caminho, pois somos cristãos, graças a Deus. E sabemos, também, que aquela criancinha amorosa, inocente e pura ainda vive — e sempre viverá — no mais profundo do nosso ser e desperta para a plenitude quando somos envolvidos e impregnados pela luz do Espírito Santo.

Certo sábio afirmou que, se cada ser humano sentir e puser em prática, pelo menos por um minuto em sua vida, o verdadeiro amor de Deus, o amor absoluto, deixarão de existir na face da Terra todos os tipos de egoísmo, com suas perniciosas consequências: a injustiça, o ódio, o desamor, a violência e a desarmonia, a falta de paz.

Então, quando estivermos na plenitude desse amor incondicional recomendado por Nosso Senhor Jesus Cristo, certamente, ainda neste mundo, estaremos, por antecipação, vivendo as delícias do Paraíso, um lugar em que só existe amor.

Construindo a civilização do amor

Vale a pena sonhar e, quando muitos alimentam o mesmo sonho, ele mais facilmente pode se transformar em realidade. O amor é o primeiro, o segundo e o maior de todos os mandamentos, conforme ensinou o Mestre Eterno. Consequentemente, é a fonte divina da felicidade. Quando nos sentimos amados, parece que a mão de Deus repousa sobre nós. Por que, então, esperamos tanto tempo para expressar o carinho e o afeto que sentimos por aqueles que convivem conosco?

Dois dias depois dos aterradores e inimagináveis atentados de 11 de setembro, que vitimaram milhares de pessoas nos EUA, os jornais de todo o mundo estampavam as últimas e comovidas palavras proferidas por passageiros que, dentro dos aviões dominados por terroristas, conseguiram comunicar-se, por celular, com seus familiares. Apressavam-se em declarar-lhes seu amor.

Assim, mesmo observando o pântano de dor e desespero deixado por aqueles atos insanos, podemos aprender a importantíssima lição de que é imprescindível e urgente declararmos logo nosso amor pelos seres que nos são caros. Façamos agora o que tantos fazem somente no minuto final de suas vidas, enquanto outros são surpreendidos com a partida definitiva dos seres que mais amam, sem jamais lhes ter expressado o carinho que acalentavam por eles — e depois se arrependem.

O ser humano tem necessidade de viver emoções positivas. Quase sempre as procura nos filmes, nas novelas ou nas peças teatrais. Por que, então, não romper a barreira da inibição e do comodismo, declarando desde logo seu afeto pelos seres que ama?

É dando que se recebe, afirmava Francisco de Assis, o santo da Natureza.

Então, amando e declarando esse amor, seremos mais amados e receberemos mais declarações de amor, formando-se um círculo de bem-estar intenso e interminável.

Esse calor humano se irradiará progressivamente, abrangendo todos os quadrantes da Terra. Desativará também o ódio que, de ambos os lados, está ameaçando ou inibindo a paz.

Essas atitudes certamente contribuirão também para eliminar as gritantes e inaceitáveis diferenças sociais que, em pleno Século XXI, ainda flagelam o mundo. Uma dessas catástrofes é a fome. Noticiários de televisão de 08/03/2011 — Dia Internacional da Mulher — davam conta de que um bilhão de seres humanos ainda passam fome. A cifra é chocante e mais alarmante ainda quando constatamos que se trata de irmãos sofrendo injustamente, uma vez que os bens e os alimentos produzidos, dádivas da Natureza, são suficientes para alimentar a todos, se utilizados com humanidade.

Outros “cavaleiros do apocalipse” na atualidade são as guerras, todas deflagradas por falta de compreensão, humildade, compaixão e amor.

Vivermos num mundo mais amoroso e puro, livre de egoísmo é um sonho possível e realizável, bastando para isso que a Humanidade se engaje numa corrente do bem.

Temor ou TER amor?

"Ama e faze o que quiseres" — recomendou, séculos atrás, Santo Agostinho, doutor da Igreja, pressupondo que quem ama só quer praticar o bem.

"Não é por temor, mas sim por amor a Deus que deixo de pecar" — afirmava Frei Josemaria Escrivá de Balañer, fundador da Opus Dei.

Deus é pai, Deus é bom e bom é tudo o que ele faz — constatou Pe. José Kentenich, fundador do Movimento Mariano de Schoestatt.

Esses homens citados acima, todos de grande estatura moral e santidade, fizeram afirmações que, à primeira vista, podem chocar. Entretanto, quando bem entendidas, nos levam a compreender e a adotar um relacionamento realmente amoroso com o Pai Eterno. E, nesse, sentido, Frei Josemaria justificava seu raciocínio afirmando que o ser que ama só quer o bem do amado.

De fato, "No amor não há medo; o perfeito amor afasta o medo" — ensinam os Evangelhos de João (1 João 4,18).

Portanto, se o pecado causa tristeza ao Criador, é o amor que nos levará, dentro de uma compreensão profunda e amorosa, a evitá-lo. Nos *Exercícios espirituais* (2000) Santo Ignácio de Loyola utiliza largamente a imaginação para transmitir seus ensinamentos. É lícito a nós cristãos, portanto, valer-nos desse processo mental para compreender e sentir a natureza amorosa de Deus, imaginando — como fez Og Mandino, 2008 — o que Ele diria para elevar nossa autoestima:

> Tu és um ser humano, és o meu milagre. És forte, capaz, inteligente, repleto de dons e talentos. Conscientiza-te desses teus dons e talentos. Entusiasma-te com eles. Reconhece-te. Anima-te. Pensa que desde este momento podes mudar tua vida para o bem, se assim te propões e se te enches de entusiasmo. Tu és minha criação maior. Não temas começar uma nova vida. Não te lamentes nunca. Não te queixes. Não te atormentes. Não te deprimas. Como podes temer desnecessariamente se és meu milagre? És dotado de poderes desconhecidos para outras criaturas do Universo. Tu és único.
>
> Ninguém é igual a ti. Só em ti está aceitar o caminho da felicidade e enfrentá-lo seguindo sempre adiante, até o fim. Simplesmente porque és livre, em ti está o poder de não amarrar-te às coisas. As coisas não fazem a felicidade. Fiz-te perfeito para que aproveitasses tua capacidade e não para que te destruísses com teus enganos mundanos. Dei-te o poder de pensar, de amar, de imaginar, de criar, de planejar e de rezar. Situei-te no patamar dos anjos quando te dei o poder da escolha. Dei-te o domínio de traçar o teu próprio destino, usando tua vontade.
>
> O que tens feito destas tremendas forças que te dei? Não importa! De hoje em diante esqueça o teu passado, usando sabiamente teu poder de escolha. Opta por sorrir em lugar de chorar; por criar em lugar de destruir; por doar em lugar de roubar; por atuar em lugar de adiar; por crescer em lugar de consumir-te; por bendizer em lugar de blasfemar; por viver em lugar de morrer. E aprende a sentir a Minha presença em cada

ato de tua vida. Cresça a cada dia um pouco mais no otimismo e na esperança! Deixa para trás os sentimentos de derrota.

Eu estou ao teu lado, sempre. Chama-me. Busca-me. Lembra-te de mim. Vivo em ti desde sempre e sempre te estou esperando para amar-te. Se hás de vir até mim algum dia, que seja hoje, neste momento! Cada instante que vives sem mim é um instante infinito que perdes de Paz. Procura tornar-te criança: simples, generosa, doadora, com capacidade de extasiar-te e comover-te ante as maravilhas de sentir-te humano.

Porque podes conhecer meu amor, podes sentir uma lágrima, podes compreender uma dor. Não te esqueças de que és meu milagre, que te quero feliz, agindo com misericórdia e piedade, alegre e sorridente, para que este mundo em que transitas possa acostumar-se a sorrir. E, como és meu milagre, então usa os teus dons e muda o teu meio ambiente, transmitindo esperança, amor e ternura. Porque eu estou ao teu lado.

Vale lembrar que as primeiras palavras proferidas por Jesus Cristo depois da ressurreição foram no sentido de que não tivéssemos medo. Certamente Ele se referia ao medo infundado, porquanto em certas circunstâncias o medo é necessário, para nos afastarmos de situações de perigo. Provavelmente, fazia alusão à angústia que nos assola quando imaginamos o que nos espera no momento em que fecharmos os olhos para este mundo visível.

Só a fé pode nos tranquilizar nesse sentido.

O amor em ação

Reza a tradição que São Pedro, fugindo de Roma para escapar das perseguições do imperador Nero, encontrou Cristo na Via Ápia e perguntou-lhe: "Quo vadis?". Ao que o Salvador respondeu: "A Roma, para ser crucificado novamente, porquanto tu estás abandonando o meu rebanho" (Prólogo do clássico *Quo vadis*, de William Wyler).

Por largo e saudoso período da juventude, à época das grandes produções cinematográficas inspiradas em temas bíblicos, como *Os dez mandamentos*, *O rei dos reis*, *O manto sagrado*, *Ben Hur* e outros, imaginei que a frase latina, vista no filme baseado naquela obra, deveria ser traduzida pelo termo "covardes". Já em idade madura, descobri que, na verdade, tratava-se de uma pergunta: *Aonde vais*?

Hoje compreendo que esses dois significados quase se equivalem. Primeiro porque, como revela aquele romance bíblico, diante da indagação do Mestre, Pedro, representando os seres humanos de todos os tempos, caindo em si, resolve não mais abandonar seu rebanho. Por fim, foi crucificado em Roma, em condições mais humilhantes (aos olhos dos ateus) que as de Jesus, como todos sabemos.

Essa constatação sinaliza para a necessidade de assumirmos posição contra as injustiças, como apregoa Ezequiel (Ezequiel 33,7-9): "Assim diz o Senhor: Quanto a ti, filho do homem, eu te estabeleci como vigia para a casa de Israel. Logo que ouvires alguma palavra de minha boca, tu os deves advertir em meu nome. Se eu disser ao ímpio que ele vai morrer, e tu não lhe falares, advertindo-o a respeito de sua conduta, o ímpio vai morrer por própria culpa, mas eu te pedirei contas da sua morte. Mas, se advertires o ímpio a respeito de sua conduta, para que se arrependa, e ele não se arrepender, o ímpio morrerá por sua própria culpa, porém tu salvarás tua vida."

Tal profecia, enquanto demonstra, mais uma vez, a misericórdia infinita de Deus, sempre pronto a acolher os que se arrependem e se convertem, deixa clara a necessidade de chamarmos a atenção daqueles que caminham na ganância, na insensibilidade para com as necessidades primárias do irmão, no egoísmo profundo ditado pelo capitalismo selvagem e avassalador (em geral sustentado por políticos gananciosos, eleitos, via de regra, pela força da mídia que eles controlam, com suas funções constitucionais distorcidas).

Enquanto isso, muitos países assistem impassíveis à tragédia de ver seus filhos perecendo em filas de hospitais, sem atendimento; mendigos e famintos povoando as ruas; escolas desativadas. Diferenças sociais gritantes, que tantas vezes acabam se voltando, em forma de violência, especialmente contra aquela mesma classe dominante, injusta e desumana. Injustiças contra massas humanas. Injustiças contra indivíduos.

Na condição de advogado, acompanhei um processo numa das comarcas do ABC paulista, região úmida e fria, onde um homem havia sido condenado à prisão porque, tiritando de frio, furtara um agasalho. Ao mesmo tempo, assistimos, quase diariamente, a denúncias de escandalosos desvios de dinheiro público, que raramente voltam ao Erário — são valores que poderiam ter sido aplicados para mitigar a fome de milhões de pessoas, preservando suas vidas e sua dignidade.

Quiçá o ser humano enverede por caminhos da humildade, da compreensão, do amor e do respeito ao irmão e a Deus, sanando essas situações tão insustentáveis e injustas. Visando a um mundo de paz.

Deus criou o mundo; Deus ouve, a todo instante, tantos pedidos, tantos clamores, e provê a todos com sua graça. Jesus, em sua estada na terra, agiu constantemente, curando, perdoando, fazendo milagres. Continua agindo.

Assim, com o Pai e o Filho, assumamos nós também, com muita fé e amor, a incumbência de colocar o amor em ação.

Ο ΕΥΑΓΓΕΛΙCΤΗC ΛΟΥΚΑC
XC
IC
Ο ΕΥΑΓΓΕΛΙCΤΗC ΜΑΤΘΑΙΟC

Foto: Cristiano Rovigatti Leiva. Facho de luz natural projetando-se no Santo Sepulcro.

CAPÍTULO IV

GRATIDÃO, ALEGRIA E FELICIDADE CAMINHAM JUNTAS

Vivendo como reis e rainhas

Jesus Cristo, o Mestre da paz, detentor de todo poder e glória, igualou-se a nós como homem para que melhor compreendêssemos sua mensagem de compaixão e amor incondicional. No contexto histórico em que Ele veio ao mundo, os seres humanos eram tão discriminados a ponto de serem atirados a leões, forma adotada pelos tiranos da época para proporcionar "circo" ao povo. As mulheres, por sua vez, eram muito pouco consideradas.

Alguns textos escritos pelos evangelistas refletem essa circunstância como, por exemplo, a história de Madalena que, por ser acusada de adúltera, foi condenada ao apedrejamento (João 8,3). No entanto, somente a ela parece que estava reservada a flagelação — mesmo sabendo-se que para a consumação do adultério é imprescindível o concurso de homem e mulher.

O Rei dos Reis, porém, não se cansava de valorizar o ser humano, qualquer que fosse sua natureza ou condição social. Reverteu, assim, aquela injusta e insuportável situação discriminatória. Dedicou às mulheres consideração jamais vista até então.

Defendeu a mulher que se pusera a lhe lavar os pés com lágrimas de arrependimento, ungindo-os com finíssimo perfume e secando-os com seus longos cabelos (Lucas 7,37); admitiu em suas peregrinações, juntamente com os doze apóstolos, a companhia de Madalena, Joana, Suzana e muitas outras (Lucas 8,1-3); e, como maior prova de carinho para com o sexo feminino, quis vir ao mundo por meio de uma mulher. Além disso, mandou que deixassem ir a ele os pequeninos.

Os orientais (e, felizmente, muitos ocidentais também) acreditam que Deus está em todas as coisas. Ele está em nós e nós estamos nele. Não há dicotomia nem separação, mas sim proporção. Metaforicamente falando, cada um de nós seria uma gota d´água do imenso oceano, enquanto Deus seria o próprio oceano. O texto Pai Nosso em aramaico, língua falada por Jesus, contempla esse emocionante sentido de unidade:

> *Abba* Pai, respiração da vida, fonte do som, ação sem palavras, criador do Cosmo!
>
> Faça sua luz brilhar dentro de nós, entre nós e fora de nós para que possamos torná-la útil. Ajude-nos a seguir nosso caminho respirando apenas o sentimento que emana do Senhor.
>
> Nosso eu, no mesmo passo, possa estar com o seu, para que caminhemos como reis e rainhas com todas as criaturas.
>
> Que o seu e o nosso desejo sejam um só, em toda a luz, assim como em todas as formas, em toda existência individual, assim como em todas as comunidades.
>
> Faça-nos sentir a alma da terra dentro de nós, pois, assim, sentiremos a sabedoria que existe em tudo.

Não permita que a superficialidade e a aparência das coisas do mundo nos iludam, e nos liberte de tudo aquilo que impede nosso crescimento.

Não nos deixe ser tomados pelo esquecimento de que o Senhor é o poder e a glória do mundo, a canção que se renova de tempos em tempos e que a tudo embeleza. Possa o seu amor ser o solo onde crescem nossas ações.

Que assim seja!

A ternura do Rei dos Reis nos conclama a trilhar permanentemente pelos caminhos do amor, da bondade e da compaixão por ele claramente indicados. Veredas nas quais podemos, desde logo, perceber e sentir vislumbres do Éden eterno.

Natureza, um hino de amor a Deus

O sentimento de gratidão, a alegria e a felicidade caminham juntos. Entretanto, há certa tendência de nos fixarmos nas coisas que julgamos erradas, deixando, assim, de percebermos as imensas maravilhas e bênçãos que existem na Criação. Deus criou tudo por amor, para o amor e, obviamente, para o bem. Visando à nossa felicidade, alertou para que em tudo déssemos graças, porque tudo concorre para o bem daqueles que o amam.

As aves, quando bebem água olham para o alto, agradecendo pelo precioso líquido da vida. Numa estrela cadente que, com sua luz fulgurante, deixa um rastro mágico, fugaz e comovente na noite escura, também podemos perceber um aceno de Deus, digno de toda gratidão. A felicidade se encontra especialmente nas chamadas pequenas coisas, que na verdade não são nada pequenas. Por exemplo, no ar que respiramos, na água que bebemos, no alimento saboroso que ingerimos, na flor multicolorida que encanta nossos olhos.

Tanta beleza para ser vista, percebida, admirada e amada. A imensidão do Cosmo; o brilho das estrelas, luzeiros do firmamento; a placidez da luz do luar incidindo num lago de águas serenas; o sol filtrando seus raios multicoloridos através de uma nuvem branca; as ondas do mar chocando-se contra o rochedo, num vaivém sem fim. Tudo é encantamento — basta olharmos com os olhos do coração.

Tantas maravilhas foram colocadas ao alcance de nossa percepção para nos despertar sentimentos de enlevo, gratidão, carinho e ternura.

A Natureza, com seu encanto de infinitas matizes e pela gratuidade com que exerce seus dons, representa, por si só, um eterno hino de louvor e gratidão ao Criador. Ela nos convida à contemplação, à paz e à felicidade, às quais temos direito, uma vez que somos filhos do Eterno, que nos ama com desvelo e carinho.

Certamente devido a essa vocação inata de maravilhar-se com a beleza e com os melhores sentimentos, é que todos os seres humanos falam de amor, pensam no amor, sonham com o amor e procuram o amor. Todos os corações — qualquer que seja sua idade — palpitam de amor. Toda pessoa vive de amor. Todo ser vivente tem necessidade de amor. O mundo gravita em torno do amor.

Existem milhares de canções que exaltam o amor; milhares de romances que descrevem o amor; milhares de poemas que o cantam; milhares de histórias que narram episódios de amor; milhares de filmes que o focalizam.

A todo instante renasce o amor.

Por mais que se fale do amor, não há como defini-lo, porque ele não tem limites — sempre existiu, sempre existirá.

Deus é amor.

— Pai Eterno, és meu paizinho. Por isso, posso pedir-te tudo. Mas hoje, em meio as emoções destas linhas, só tenho um pedido a fazer-te:

Preenche meu coração com teu amor.

Quanto ao mais, tudo será tão pequeno, tão pequeno, tão pequeno...

Caminhamos na estrada de Jesus

"Rendei graças, sem cessar e por todas as coisas, a Deus Pai, em nome de nosso Senhor Jesus Cristo" — recomendou o apóstolo Paulo (Efésios 5,20).

Ao acordar, agradeçamos pela graça de estar vivos e, em seguida, planejemos nosso dia, conscientes de que podemos:

Reclamar porque está chovendo ou agradecer pelas águas que fertilizam a terra e despoluem as cidades;

Ficar tristes por não ter dinheiro ou sentir-nos encorajados para administrar nossas finanças, evitando desperdício;

Reclamar sobre nossa saúde ou ser gratos por estar vivos;

Queixar-nos de nossos pais por não nos terem dado tudo o que queríamos ou dar graças por termos nascido;

Reclamar por ter que ir trabalhar ou agradecer por ter trabalho;

Sentir tédio com as tarefas da casa ou estar feliz por ter um teto para morar;

Lamentar decepções com amigos ou nos entusiasmar com a possibilidade de fazer novas amizades.

Se as coisas não saíram como planejamos, podemos ficar felizes por ter a oportunidade de recomeçar. O dia está à nossa frente, esperando para ser o que nós quisermos, pois somos senhores de nossos destinos.

Somos os escultores que podem dar forma à própria vida, com a graça de Deus. Optemos exclusivamente pelo bem, pela fé, esperança e gratidão, vivendo sempre no amor, pois para amar é que fomos criados.

Esse é o caminho da felicidade.

As cores da paixão

O período de quaresma é propício para o recolhimento espiritual, a meditação e a preparação para os eventos da Semana Santa, que culminam com a Ressurreição e a Páscoa. A cada ano, nessa mesma época, a Natureza presta silenciosa homenagem ao Rei dos Reis, revestindo-se com as cores da paixão.

Do lilás ao roxo, passando pelo carmesim e pelo violeta. Basta olhar para a profusa vegetação da Serra do Mar, que nesse período se enfeita com flores intensamente coloridas com essas matizes, as Quaresmeiras. Ou nos Manacás-da-serra, que ornamentam canteiros e residências Brasil afora; ou, ainda, nos delicados lírios que enfeitam cercas-vivas, jardins, gramados e florestas. Além disso, os paramentos utilizados pelos sacerdotes católicos durante as celebrações religiosas, nesse período, são de cor roxa.

A primeira aliança estabelecida entre Deus e os homens, relatada no Livro do Gênesis e segundo a qual o ser humano, feito à imagem e semelhança do Criador, dominaria sobre todos os seres da Terra, foi quebrada com a desobediência de Adão. Nosso Pai, entretanto, apaixonado por suas criaturas, não desiste de seus filhos. Por isso, quis fazer com os seres humanos, agora representados por Noé, outra aliança, nesses termos:

"Eis que vou estabelecer Minha aliança convosco e com vossa descendência, com todos os seres vivos que estão convosco..." (Gêneses 9-10).

Conclui-se, portanto, que ficou afastada a possibilidade de o ser humano simplesmente dominar a Natureza, estabelecendo-se, a partir daí, tão-somente a faculdade e necessidade de com ela cooperar.

De fato, na natureza tudo é gratuidade, cooperação e beleza, que o homem deve compreender, admirar e respeitar, para que a vida continue a existir em nosso querido e belo Planeta. Mas os gananciosos e egoístas predadores da Mãe-terra não compreenderam ainda esse fato. Desrespeitam e atacam, em sua voracidade desumana, aquela que lhes dá sustento físico e até mesmo espiritual, eis que Deus também está na Natureza. Ainda bem que cresce a conscientização preservacionista, o que deverá possibilitar a continuidade do curso da vida na Terra.

Por outro lado, nova e definitiva Aliança ficou estabelecida com a vinda de Nosso Senhor Jesus Cristo ao mundo. Ele revelou, com sua vida, que o Pai Eterno continua apaixonado pela Humanidade e acalenta o sonho da salvação extensiva a todos os viventes. Para tão grande missão, Jesus aceitou o sacrifício extremo, carregando o peso de nossas culpas.

Jesus santificava todos os lugares por onde andava e tudo que tocava. Todos que nele acreditaram ficaram impregnados de sua paz, serenidade e amor incondicional. E continua santificando, como demonstra a história:

Por volta de 1957, a empresa cinematográfica Metro-Goldwyn Mayer passava por sérias dificuldades financeiras. Estava às portas da falência. Decidiu, entretanto, realizar o filme *Bem-Hur*, o qual relata o surgimento do cristianismo e a violenta reação, por parte dos detentores do poder, contra o Rei dos Reis. Nas três horas de filme, Jesus aparece tão-somente três vezes e nunca de frente.

Foi o bastante para que a superprodução fizesse sucesso jamais visto: recebeu onze estatuetas do Oscar da Academia de Cinema e continua comovendo as novas gerações. Assim, a empresa que o produziu reergueu-se financeiramente desde então, escapando da ruína. Exemplos desse jaez não têm fim. Basta observar.

É válido ressaltar que, ainda em Bem-Hur, tanto Herodes quanto Pilatos, enquanto julgavam Jesus, vestiam mantos lilases.

Do alto da Cruz, mesmo enquanto fustigado por dores lancinantes, o Rei dos Reis — cujo manto sagrado era então de cor carmesim — olhou com paixão para seus algozes e pediu ao Pai que os perdoasse, porque não sabiam o que estavam fazendo.

Todos esses fatos vêm confirmar a necessidade de cumprirmos a determinação salvífica de amar a Deus sobre todas as coisas, amar o próximo como Deus nos ama, além de admirar e respeitar reverentemente todos os seres da criação.

Natal, um hino de amor à vida

2.010 X 365 X 24 X 60 X 60 = 63.387.360.000. Nem mesmo essa soma astronômica consegue quantificar o número de vezes em que já aconteceu o Natal. Ela representa o total dos segundos decorridos desde o nascimento do Menino-Deus até o ano dois mil e dez. Porque, depois desse acontecimento decisivo para a humanidade, todo ano, todo dia, todo minuto, todo segundo, todo *instante* é Natal. Cantemos nosso eterno hino de gratidão ao Criador, por ter-nos enviado seu filho, o Salvador, caminho (único), verdade e vida.

Caminho que obrigatoriamente temos que trilhar para alcançar a felicidade permanente. Entretanto, como passageiros neste mundo físico e ainda imperfeito, porque em construção, sentimos que a estrada é longa, com curvas que não tem fim. Ainda assim, é preciso caminhar, pois somos suficientemente fortes para vencer — afinal, somos impulsionados pelo amor.

Neste preciso momento, navios singram a imensidão azul dos mares; aviões cruzam o magnífico e comovente céu que nos encobre; veículos pontilham as estradas do planeta; e pessoas percorrem seus caminhos, num vaivém interminável. São estradas sinuosas ou retas; acidentadas ou planas; feitas de espinhos, de rosas, ou de ambos. Caminhos e caminhadas válidos desde que percorridos com amor. E, nesse caso, constituem-se num mesmo caminho, o único caminho.

Verdade, cuja fonte primária encontra-se em Deus e que nos leva a apreciar, em êxtase, as maravilhas da Criação. É por essa razão que há beleza desde uma pequena flor, com suas pétalas coloridas que resplandecem sob o azul do firmamento, até as galáxias com seus milhares de sóis e as constelações com seus rastros de estrelas, luzeiros pontilhando a noite escura.

E o ser humano, parte mais nobre da natureza, composto pelo seu corpo perfeito, o templo do espírito: com o coração, sede do amor, que pulsa sem cessar; os olhos, janelas da alma, que nos permitem contemplar as belezas da criação; as mãos, com as quais podemos socorrer nossos irmãos. São verdades que nos revelam sermos seres essencialmente espirituais e, assim, na medida em que cuidamos das criaturas de Deus, quer do reino humano, animal, vegetal ou mineral, sintonizamo-nos com o Criador, caminhando, a partir deste Planeta Azul, para a felicidade eterna.

Vida, a essência do Natal. Vida plena de alegria, felicidade e paz. De amor, em resumo, que nos leva a viver antecipadamente o Paraíso, numa antevisão da salvação oferecida de graça aos que aceitam Jesus Cristo como Salvador. Para que tenhamos vida em plenitude, o amor do Pai Eterno o moveu a enviar ao mundo seu filho único e querido. Ele veio para trazer bondade, sorriso, ternura, simplicidade, harmonia, a paz. Sentimentos que nos permitem navegar por águas mansas; voar nas asas do amor, por um céu (físico e espiritual) de azul sem fim; e por caminhos verdejantes e salpicados de flores de eterna beleza, como os lírios do campo, sensíveis, belos e delicados, que nem por isso precisam tecer ou fiar.

Entoemos nosso hino de gratidão ao Pai Eterno, por ter-nos presenteado com tantas maravilhas, as quais nos permitem viver intensa e santamente essa festa chamada vida. Vida que pulsa num universo de amor. Vida que nos traz a certeza de que, depois da vinda de Cristo, todo instante é Natal.

Um eterno hino de amor à vida!

Em nome do Pai

Deus é amor e quem permanece no amor permanece em Deus e Deus nele — ensina o evangelista João (1 João 4,16).

Assim sendo, não há como dissociar a ideia do Pai Eterno da ideia do amor, simplesmente porque Ele é o próprio amor. É importante, também, que essa realidade seja apreendida não somente no campo do intelecto, mas sim que seja também percebida no âmbito dos sentimentos, interiorizada até nosso coração. Porque o coração é reconhecido milenarmente como a sede do amor, habitáculo de Deus, portanto.

Cabe-nos ter sempre presente essa realidade porque, a partir daí, surgem constatações emocionantes, majestosas e transcendentes, que se projetam na eternidade.

Toda a Sagrada Escritura é inspirada em Deus (II Timóteo 3,16) e está impregnada do amor do Pai por nós: chamou-nos pelo nome e nos resgata (Isaias 43,1-5); apaga nossas faltas (Isaias 43,25); perdoa com a mesma plenitude o maior e o menor pecador que se arrepende (Lucas 41,44); corre ao encontro do filho quando este se arrepende (Lucas 15,20); vende sem cobrar o preço (Isaias 55,1); ama-nos com amor eterno, não nos esquecerá nunca e não nos abandonará (Jeremias 31,3 e Isaias 54,10).

Mas, sem dúvida, a maior prova de seu amor por nós foi o envio de seu amado Filho ao mundo, para resgatar o elo perdido da salvação.

Somos todos filhos de Deus que, evidentemente, não quer que qualquer de seus filhos se perca. Mas acontece que, com nosso pecado, nós é que nos afastamos dele, como aconteceu com Adão. Até a Psicologia ensina que as más ações e os procedimentos vergonhosos são praticados geralmente no escuro, longe da luz, portanto. E Deus é a mais intensa luz.

Entretanto, ainda assim, manifestando mais uma vez seu imenso amor por nós, num gesto de extrema bondade, o Criador vem nos reabilitar, enviando ao mundo seu filho único e querido. E por quantos sofrimentos esse filho iria passar! O que nos leva a acreditar que também o Pai eterno sofreu com os flagelos infligidos a Jesus. Como todos sabemos, as dores que mais doem num pai são aquelas que lhes chegam por meio dos sofrimentos pelos quais passam seus filhos.

Com Jesus foi reatado o elo perdido, a ligação entre o homem, ainda que pecador, e o Pai Eterno. Liame fundamental e imprescindível para a nossa reaproximação e permanência definitiva junto ao Pai. Porque, na autodefinição do próprio Cristo, ele é o caminho, a verdade e a vida, e sem Ele ninguém vai ao Pai. Essa reentrada nas graças do Criador pressupõe a conversão de quantos se afastaram das veredas do bem.

"É na conversão e na calma que está vossa salvação; é no repouso e na confiança que reside a vossa força" (Isaias 30,15).

A sabedoria da vida consiste, portanto, em aceitar Nosso Senhor Jesus Cristo como Salvador e viver no amor, vínculo natural de ligação com Deus.

Em nome do Pai.

Em nome do Filho

Quando Deus criou o mundo, observou que tudo nele era bom e idealizou povoá-lo com o homem perfeito, concebido para viver paradisiacamente. Então criou Adão, mas este o desobedeceu, falhando gravemente. O paraíso parecia ter ficado longe e a infelicidade implantada definitivamente na Terra. Entretanto, o Criador Perfeito jamais se esquece de sua criatura, em especial do ser humano, auge da criação, criado à Sua imagem e semelhança. Por isso, enviou ao mundo seu filho único o qual, reconstruindo o caminho do paraíso, nos revela Deus como o Pai misericordioso e como o próprio Amor.

Muito poderia ser falado sobre o posicionamento e a conduta ideal do filho diante do pai e isso iria requerer longas indagações filosóficas ou teológicas, que não estamos habilitados a tecer. Mas, a vida é simples desde que não a compliquemos. Deixemos, pois, que os seres inocentes, as crianças-anjos, falem desse amor e dessa confiança que o filho deposita no pai:

Quando nosso filho Cristiano tinha cerca de dois anos de idade visitamos uma tia nossa que residia no interior do estado de São Paulo. Em certo momento, vimos um caminhão parado em frente a casa dela. Estava carregado de tábuas de madeira. A carga se elevava cerca de dois metros acima da base da carroceria. Toda criança, na sua simplicidade, gosta de caminhões, ônibus, aviões etc., como nós também gostamos. Então, o pequeno pediu que eu o colocasse sobre a carroceria, no alto da carga e atendi ao seu pedido.

Fiquei ali olhando-o e conversando com ele. Mas, de repente, ele resolveu descer, porém não o fez da forma que eu esperava. Mergulhou daquela altura para os meus braços. Graças a Deus consegui segurá-lo. Contudo, uma onda de frio e medo perpassou meu corpo quando imaginei o que teria acontecido se não tivesse conseguido segurá-lo. Hoje penso comovido: "Que confiança no pai!"

Um amigo nosso é piloto de planadores no aeroclube de Formosa, no estado de Goiás. Certa vez, resolveu levar seu filhinho então com dois anos e quatro meses para passear em um planador — ele no banco da frente, com a criança no colo, e o piloto no banco de trás. Lá nas alturas, na imensidão azul e solitária, o menino sentiu algum desconforto e começou a choramingar. O pai tentou distraí-lo, mostrando as casinhas ao longe etc. Mas, em resposta, o garoto simplesmente dormiu... Que adulto poderia imaginar uma situação dessas: instabilidade, perigo, desconforto, curvas e o menino simplesmente dormiu no aconchego dos braços do pai.

Uma garotinha estava muito acostumada a ter o seu pai lendo carinhosamente, todas as noites, historinhas para ela adormecer, como tantos pais fazem. Mas eram muitas noites e poucas histórias, o que fez com que ele começasse a repetir as mesmas. Assim foi que esse pai, usando de *inteligência* como em geral fazemos os adultos, pôs em prática uma solução engenhosa: gravou as histórias em CD, colocou-as para tocar num aparelho, posicionado-o perto da garotinha deitada, e liberou-se para fazer coisas *mais importantes*, a seu ver, como ler jornal, por exemplo. Na primeira noite, tratava-se de novidade, tudo bem. Na segunda noite, a menina já ouviu a história com má vontade, apenas tolerando. Na terceira noite, lá vem a pequena com o gravador na mão, para entregá-lo ao pai:

— O que aconteceu, filhinha, não gostou do gravador? Pergunta o inteligente pai.

— Não gostei, papai, porque ele não pode me pegar no colo! — Foi a comovente resposta.

Um transatlântico singrava o mar na escuridão da noite. A criança estava no camarote, com outros familiares. Seu pai, capitão do navio, estava no comando. A tempestade veio, como vêm por vezes as tempestades em nossas vidas. Os ventos uivavam e as ondas atingiam o casco do gigante do mar. O navio oscilava, para frente, para trás, para os lados, parecendo que ia a pique. O perigo era iminente. Todos a bordo estavam com muito medo, mas o garotinho dormia tranquilo. Quando acordou por alguns segundos, alguém lhe perguntou:

— Você não está com medo? —

A resposta veio pronta:

— Não, meu pai está no leme!

O filho fizera mais uma traquinagem. O pai, alemão, rigoroso, falou com severidade:

— Você agiu mal, não é digno de dormir esta noite dentro de casa. Vá para o sótão e durma lá.

O filhinho foi. Mas o pai se virava na cama, não conseguia dormir. Até que resolveu ir aonde estava o garoto e deitou-se silenciosamente ao lado dele. Então o menino, que ainda estava acordado, perguntou-lhe amorosamente:

— Quem errou fui eu e não você. Por que você vem dormir aqui também? — Ao que o pai responde com ternura:

— Eu estou com você em qualquer hipótese, para sempre. Se você errou, a culpa é minha também e quero pagar o preço junto com você.

Para encerrar, lembro-me de quando meus filhos eram pequenos e viajávamos frequentemente da capital para o interior do estado de São Paulo. Certa vez, parando num posto de gasolina, fomos ao banheiro, eu e os garotos. Um deles, pequenino, fez xixi deixando respingar fora do lugar adequado. Diante da reprimenda verbal que eu lhe passava, um senhor de idade, italiano e vermelho, falou mansamente:

— Seja bondoso para com as crianças. Meu avô já dizia que é por causa delas que Deus não destrói este mundo cheio de maldades.

Tenho pensado nisso. As crianças, anjos que encantam nosso planeta, são a constante lembrança da bondade de Deus para conosco. Eles, como nós, quando vieram ao mundo, não tinham nada... Nada de material, mas tinham algo muito precioso, transcendental, tinham amor, só o amor.

E, assim, eram anjos, em contato permanente com Deus. Aprendamos com elas a viver no amor e na confiança do Pai, porque o alerta do Filho é sempre atual:

"Se não vos transformardes e vos tornardes como criancinhas, não entrareis no reino dos céus" (Mateus 18,3).

Deus evidentemente só quer nosso bem e a ordem para nos tornarmos como criancinhas visa a nos colocar em sintonia com a Felicidade perfeita.

Em nome do filho!

Em nome do Espírito Santo

À medida que se aproxima o final de cada ano, começamos a ouvir um comentário típico dessa época:

— O ano está chegando ao fim... Como passou rápido etc.

Por trás dessa afirmativa, certamente se encontra o desejo coletivo, por vezes inconsciente, de que o Natal chegue logo, trazendo a descontração, a alegria, a fraternidade e a paz que lhe são características.

Especialmente nessa época, convém avaliarmos como passamos mais esse período da nossa existência, da nossa vida, dom precioso provindo do amor de Deus e de nossos pais que, com isso, se tornaram partícipes do milagre da Criação.

Como antes frisado, Deus é o Pai extremamente bom; misericordiosamente justo. E as crianças, com a pureza, a simplicidade e a confiança que lhes são peculiares e que as mantém em contato permanente com Deus, são excelentes exemplos de como devemos ser e agir para também entrar e permanecer nas graças do Criador.

Agora, completando o sinal da cruz, marca que identificará para sempre os cristãos — e que simboliza Jesus

Cristo com seus braços acolhedoramente abertos — chegou o momento de tecermos algumas humildes considerações sobre o Espírito Santo.

Comecemos, com esta oração, pedindo-lhe que inunde todo o nosso ser com seu amor e sua luz:

"Ó Espírito Santo, que és o amor do Pai e do Filho, concedei-nos os dons da Sabedoria, da Inteligência, do Conselho, da Fortaleza, da Ciência, da Piedade e do Respeito a Deus. Inspirai-nos sempre o que devemos pensar, o que devemos sentir, o que devemos falar e como falar, e o que devemos calar. Como devemos, enfim, ser e agir, para alcançar nossa santificação, vivendo sempre na presença de Deus".

A análise desse texto nos leva a concluir que até mesmo o tão propalado livre arbítrio, que muitas vezes conduz o ser humano aos caminhos do desamor e da infelicidade, pode e deve ser submetido à influência do Espírito Santo, subordinando-o a Ele para que não prevaleçam as fraquezas humanas.

Se pensarmos de acordo com o Espírito Santo, tudo o que fizermos será certo: se o amor está presente em nosso coração e em nossas ações, nossas atitudes serão corretas; se não está, tudo dará errado, pouco importa o que seja. Esse enfoque mostra que tudo é muito simples, porque a simplicidade é de Deus, ao contrário da complexidade, que é inerente ao ego, sabendo-se que do egoísmo derivam os maiores pecados.

Portanto, em posição diametralmente oposta à do egoísmo, encontra-se o amor perfeito, o Espírito Santo, que exclui o medo, o pecado, a culpa e todas as formas de sofrimento e raiva. Porque não há nenhuma maneira de alguém estar repleto desse amor e, ainda assim, ser afligido por tais males e muito menos de procurar ferir a si próprio ou a outra pessoa. Procuremos, por isso, viver no amor.

Em nome do Espírito Santo.

Amém!

“Seja feita a vossa vontade” — afirmamos diariamente na oração que o próprio Cristo nos ensinou e que se encontra dentre as palavras de Revelação contidas nos 73 livros que integram a Bíblia Sagrada. Será que já nos detivemos para analisar, com o coração, e não somente com a razão, o significado dessa reiterada afirmativa?

“Em tudo dai graças!” — recomendou também o Mestre, esclarecendo ainda que tudo concorre para o bem daqueles que amam a Deus. Essa análise deve partir da premissa óbvia de que Deus, sendo Amor, só quer o bem e, assim sendo, o melhor para seus filhos.

Com tal constatação, deveríamos exclamar, do mais profundo da alma:

— Graças a Deus!

Entoemos sempre nosso canto de gratidão por tudo que fomos, por tudo o que somos e por tudo que seremos. Por tudo que nos aconteceu, acontece e acontecerá; por tudo o que temos e por tudo o que não temos, submetendo-nos e entregando-nos inteiramente aos desígnios da Divina Providência, ao influxo do Espírito Santo, que é o amor do Pai e do Filho. E, assim, tomemos como diretriz de vida agradecer, perdoar sempre e servir ao próximo.

"Cantai ao Senhor um cântico novo. Cantai ao Senhor terra inteira. Cantai ao Senhor e bendizei o seu nome. Anunciai a cada dia a salvação que Ele nos trouxe" — recomendou o Rei Davi, no Salmo 95, repleto de sabedoria, a qual certamente ecoou na alma do poeta, compelindo-o a afirmar, emocionado:

— O Universo doa em abundância quando adotamos uma atitude de gratidão!

Urge, portanto, revertermos a tendência de nos fixar somente no que não temos, no que perdemos e no que pensamos que nos falta e atentarmos para tudo aquilo que temos de bom: desde a vida, com o coração, sede do amor, que pulsa sem parar; os olhos, por meio dos quais podemos nos encantar com as estrelas, que ornamentam a noite escura, cintilando no firmamento sem fim; as pernas, que nos levam a ver e contemplar, maravilhados, as belezas da Natureza, projeções do amor de Deus.

E, principalmente, com os olhos da alma, que nos permitem enxergar, em nós mesmos e em nossos irmãos, o próprio Cristo que habita no ser humano, na medida em que este vive com amor.

Se, quando nos fazem um favor, ficamos gratos; se quando estamos em risco de morte, nos afogando, por exemplo, e nos salvam, ficamos eternamente gratos. Será que já nos lembramos de agradecer, com ternura e adoração, ao Criador, pelo fato de estarmos vivos e contarmos entre os cerca de trinta por cento dos mais de seis bilhões de peregrinos deste planeta que aceitamos Jesus Cristo como o Salvador, o único que leva ao Pai? O Senhor que, por seu extremo sacrifício de amor, nos resgatou para sempre, salvando-nos para a vida eterna?

Vivamos, pois, na gratidão e na coerência de quem foi agraciado com a salvação de Nosso Senhor Jesus Cristo.

Amém!

EPÍLOGO

Em tudo é necessário equilíbrio.

Equilíbrio entre:
Ser alegre sem ser inconveniente;
Ser sincero sem machucar;
Ser firme nas ideias sem ser arrogante;
Ser humilde sem ser submisso;
Ser rápido sem ser impreciso;
Ser contente sem ser complacente;
Ser despreocupado sem ser descuidado;
Ser amoroso sem ser apegado;
Ser pacífico sem ser passivo;
Ser disciplinado sem ser rígido;
Ser flexível sem ser permissivo;
Ser comunicativo sem ser exagerado;
Ser obediente sem ser cego;
Ser doce sem ser melado;
Ser moldável sem ser tolo;
Ser introspectivo sem ser enclausurado;
Ser determinado sem ser teimoso;
Ser corajoso sem ser agressivo.

(Ética e caráter)

SOBRE O AUTOR

Antônio Balsalobre Leiva é Advogado (Assessor Jurídico da Presidência do Banco do Brasil aposentado e ex-Adjunto do Procurador-Geral da União); Professor universitário; Pós-graduado em Excelência Humana, pela UNIPAZ; Terapeuta Comunitário, pela Universidade Federal do Ceará; Instrutor na área de Relações Humanas.

Outras formações: Dale Carnegie Strategic Presentations (1994) e Strategic Presentation (1997); Curso de Locução de Rádio e TV IPEP; Curso de Biopsicologia, com Susan Andrews; Curso "A Arte do Clown", com a Professora Antônia Vilarinho (Doutores do Riso — Unicamp); Seminários "Temas de saúde mental", com a professora Henriqueta Camararotti; Curso de Autoestima (Cuidando do cuidador), com o Prof. Adalberto Barreto, da Universidade Federal do Ceará; Seminário de Introdução à Análise Transacional, com a Professora Mirian Cibreiros; Método Silva Mind Control; Fórum Brasileiro de Arteterapia, no Instituto Mauá de Pesquisa e Educação; Curso de Perdão e Reconciliação — Espere — , no Centro Cultural de Brasília; Seminário "Dimensões da Cura Sagrada", com Stanley Krippner; Seminário "Deus", com Jean-Yves Leloup; Seminário de "Ecologia Médica".

Livros publicados (Pela Editora Vozes): *Lições para uma vida despreocupada e feliz* 2000) e *Vivendo no amor* (2002) e, pela Editora LGE, *Retorno ao coração* (2010). Artigos publicados: "Justiça e Caridade", Revista Leditathi (Belo Horizonte); "O Álcool domina as estradas", Jornal Correio Braziliense. Artigos jurídicos publicados nos jornais "O Estado de São Paulo"; Correio Braziliense e Tribuna; e nas revistas Consulex e LTr.

Além disso, proferiu palestras sobre Relações Humanas, Motivação, Vocação, Perdão etc. nos seguintes locais: FNAC (Rio, São Paulo, Campinas e Brasília); UNISUL — Universidade do Sul de Santa Catarina; Ministério da Educação; Ministério da Fazenda; FNDE, AGU, PGU, Paulus; UNICESP; Colégio Militar de Brasília; Curso Objetivo (Brasília); GDF Infância e da Juventude; Encontro de Casais com Cristo (por duas vezes); Secretaria da Cultura de Marília-SP; Peruíbe-SP e Arraias (TO); na ABRH; na Universidade nacional de Brasília (para alunos do Curso de Psicologia; outra no Instituto de Psicologia e a terceira sobre Terapia Comunitária); duas palestras gravadas no auditório Zumbi dos Palmares, da Câmara dos Deputados e transmitidas dezenas de vezes para todo o Brasil, a pedido dos telespectadores, pela TV Câmara.

Contatos com o autor:
antonioleiva@terra.com.br

BIBLIOGRAFIA

AQUINO, F. *Ensinamentos dos Santos*. Cleófas, Lorena, 2003.

ANDREWS, S. *O Stress a seu favor.* Agora, São Paulo, 2003.

BARRETO, A. *Terapia Comunitária*. Gráfica LCR, Fortaleza, 2005.

BARROS, M. *O espírito vem sobre as águas.* Loyola, São Paulo, 2003.

BÍBLIA SAGRADA. Editora Ave Maria. São Paulo, 1959.

BOFF, L. *Espiritualidade*. Sextante, Rio de Janeiro, 2001.

_______. *São Francisco de Assis, ternura e vigor.* Vozes, Rio de Janeiro, 1982.

BRANDEN, N. *Auto-estima. Saraiva*, São Paulo, 1997.

BROTTO, F. *Jogos cooperativos*. Cooperação, Florianópolis, 2003.

CAMERON, J. *Titanic.* Universal Pictures, 1997.

DE GRANDIS, R. *Cura entre gerações*. Ed. Louva-a-Deus, Rio de Janeiro, 2003.

CNBB, *Hoje a salvação entra nesta casa (O Evangelho de Lucas)*. Paulinas, São Paulo, 1998.

EDLER, R. *Ah, se eu soubesse.* Negócio Editora, São Paulo, 1997.

ELLIOT, T. Journal of Clinical Psicology, Universidade de Michigan-EUA.

HARTMANN, J. *Francisco, o irmão sempre alegre.* Loyola, São Paulo, 2003.

KING, N. *Os primeiros 5 minutos*. Nobel, São Paulo, 1991.

KUHNE, M. *Em busca da autoconfiança.* Editora Eko, Blumenau, 1997.

LAMBERT, Eduardo. *Relaxterapia.* Siciliano, São Paulo, 1997.

LEIVA, A. *Vivendo no amor.* Vozes, Petrópolis, 2003.

_______ *Lições para uma vida despreocupada e feliz.* Vozes, Petrópolis, 2000.

_______ *Retorno ao coração*. LGE Editora, Brasília, 2010.

LELOUP, J. *Cuidar do Ser*. Vozes, Petrópolis, 2001.

_______ *O corpo e seus símbolos*. Vozes, Petrópolis, 2002.

LEO, Pe. *A cura do ressentimento*. Loyola, São Paulo, 2004.

LOYOLA, I. *Exercícios espirituais*. Ed. Loyola, São Paulo, 2000.

LUBICH, C. *Ideal e luz*. Cidade Nova, São Paulo, 2003.

MELLO, A. *Caminhar sobre as águas*. Loyola, São Paulo, 1995.

MANDINO, O. *O maior milagre do Mundo*. Record, Rio, 2008.

MIRANDA, G. *Os animais vão salvar a sua pele*. Landscape, São Paulo, 2004.

NATIONAL GEOGRAPHIC SOCIETY. *O Evangelho de Judas*, 2006.

SABINO, F. *Com a graça de Deus*. Record, Rio de Janeiro, 1994.

SAINT-EXUPERY, A. *O pequeno príncipe*. Agir, Rio de Janeiro, 1973.

SELIGMAN, M. *Aprenda a ser otimista*. Nova Era, Rio de Janeiro, 2005.

SHINYASHIKI, R. *O sucesso é ser feliz*. Editora Gente, São Paulo, 1997.

TOLLE, E. *O poder do AGORA*. Sextante, Rio de Janeiro, 2002.

BIBLIA SAGRADA, Ave-Maria, São Paulo, 1997.

Em apoio à sustentabilidade e à preservação ambiental,
a LER Editora declara que este livro foi impresso com
papel produzido de florestas cultivadas em áreas não
degradadas e que é inteiramente reciclável.